JN202117

Design and Research On the Picture Libraries for Education and Training Project

楽々 視覚シンボルで コミュニケーション

障害者の
暮らしに役立つ
シンボル
2555

ドロップレット・プロジェクト
監修
青木高光
編著
竹内奏子
イラスト

エンパワメント研究

はじめに

人の手で作り続ける意味

本書はコミュニケーション・シンボル「ドロップス」の３冊目の本です。

ドロップスは 2007 年の発表当時から「シンプルでわかりやすい」「余計な要素がないので、色々な用途に使える」「とにかくかわいい」など、高い評価をいただいてきました。

プロジェクト開始当時は、どんな素敵なデザインでも、古びずに第一線でいられるのは、せいぜい 10 年が限界だと思っていました。まさかこんなにも長い間皆さんに支持され、３冊目の本がまとまるまで使い続けていただけるとは、正直予想していませんでした。

2010 年に出版した最初の本で 1000 語、次の本で 2000 語、そして今回 2555 語と、ドロップスは着実に数を増やしてきました。その時代に合わせて、必要なシンボルを追加してきたことも、結果的に長く使っていただけている理由の一つでしょう。

しかしこの間にネットの普及により、すぐに使える画像が巷にあふれるようになりました。画像検索をすれば、それなりのクオリティの画像データが簡単に手に入ります。驚くほど膨大な画像を提供しているサイトもあります。さらに近年は生成 AI の急速な発達により、欲しい画像を AI に描いてもらえるようにさえなりました。イメージ通りの絵になるまで、何回でも修正指示を出すこともできます。

このような変化の中で、敢えて問うとすれば、人間であるデザイナーが一つ一つのシンボルを描き、提供し続ける意味はどこにあるのでしょうか。

必要な物は誰かが作ってくれるのか

振り返ると、これまでのシンボルやそれを用いた教材、ソフトウェアやハードウェアなどを開発する中（その経緯は今回巻末に詳しく紹介しています）で、よくこんなことを人から言われ続けてきました。

「あなたたちがわざわざ作らなくても、企業とか研究機関とか、こういうものはちゃんとした所が作って製品化してくれるよ」（あるいは「教員が自分で作るから、企業の製品が売れなくなる」と言われることもありました)。

しかしどうでしょう、この約20年の間に、誰がドロップスのようなものを作ってくれたでしょうか。ドロップスから派生した様々な製品を、誰が作ってくれたでしょうか。もちろん同じような目的で作られた製品はいくつかありました。しかし、結果的にここまで息の長いデザインとプロダクトがどれだけあるでしょう。

誰も作ってはくれませんでした。誰かが作らなければならなかったのです。

作る困難を引き受ける

私たちが心から尊敬する研究者であり実践家である故・畠山卓朗先生(早稲田大学人間科学学術院教授)は、こんなことをおっしゃっています。

> ある研究者から「畠山さん、もう作る時代は終わったよ」って何回も言われたんです。「作る時代じゃなくて、活用する時代だ」って。私は作りたいから作っているわけじゃなくて、その人の生活に合ったものをということで、作らなくてもよければ作りたくない、作る必要もない。作る意味もない。だけど人の生活の中で、必要だったら何か生み出さなくてはならないものがある、という考え方です。
>
> 何も作りたいから作るんじゃないです。
>
> (中 略)
>
> だけど、あるものだけでは、決して豊かな、豊かなというのは贅沢なという意味ではなく、豊かな生活はできないって思います。
>
> ──『頸損晩夏　創りつづけた頸髄損傷の35年の生活の記録』(2017)同書収録の座談会での発言(P.130)より引用

こんなものがあればいいな、便利だな、と考えることも大事です。でもそれは誰でもできます。結局誰かが、その夢をかなえる、つまり実際に作るという困難さを引き受ける必要があるのです。「作る」ことに重きをおかず「活用する」ことを重視する立場もあっていいでしょう。しかし「自分は作るよりも情報を集め紹介するのが仕事だ」は一見もっともらしく聞こえますが、あえて言えば「作るという困難さを引き受ける」ことを放棄したということです。

学校の先生というのは、そういう意味でそれとは対極にいる人たちです。

子どもたちを前に「この子にとって必要なものは何か」を見極め、提供する人です。

今困っている子どもたちを前にして「こんなものがあったらいいな」と言っているだけでは役に立ちません。文字や数の学習でつまずいている子、見通しが持てなくて不安な子、自分の気持ちを伝える術をもたない子、そんな子たちのために、私たちはその子に合った手段を用意しなければなりません。それができるのが、子どもたちとの生活の最前線にいる先生たち、支援者、保護者、つまり私たちの仲間です。常に何かを作り出さなくてはならない人たち。「作るという困難さを引き受ける」人です。

ドロップスはそのような最前線にいる人たちが、絵カードやスケジュールやVOCAを作るための、最初のひと手間を少し軽減するために作られました。

最初から何もかも揃っているわけではない支援の現場で、その都度新たに何かを生み出すという、大事な使命を負ったみなさんの役に立ちますように。

ドロップレット・プロジェクトはそんな思いで、本書をお届けします。

ドロップレット・プロジェクト
青木高光
竹内奏子

もくじ

はじめに ………… 1
この本の特長と使い方 ………… 6
ドロップスを使ってみよう！ ………… 8

シンボルライブラリ 2555

❶ 人・動植物 ………… 18

1-1 人物 ………… 18
1-2 職業 ………… 19
1-3 その他 ………… 20
1-4 身体 ………… 20
1-5 動物 ………… 21
1-6 植物 ………… 23

❷ 動き・様子 ………… 25

2-1 感情・感覚 ………… 25
2-2 状態・様子 ………… 28
2-3 基本動作 ………… 30
2-4 行動・行為 ………… 36
2-5 あいさつ ………… 44
2-6 疑問符 ………… 45

❸ 飲食物 ………… 46

3-1 食事の種類 ………… 46
3-2 料理 ………… 46
3-3 野菜 ………… 49
3-4 果物 ………… 50
3-5 菓子 ………… 50
3-6 飲み物 ………… 52

3-7 食材 …… 53
3-8 調味料・その他 …… 53

❹ 家の中 …… 55

4-1 住まい・家具 …… 55
4-2 電化製品 …… 56
4-3 衣類 …… 57
4-4 携行品 …… 59
4-5 文具 …… 60
4-6 玩具・スポーツ用品・楽器 …… 62
4-7 食器・調理用品 …… 64
4-8 身じたく用品・健康用品 …… 65
4-9 清掃用品・工具・園芸用品 …… 66
4-10 その他 …… 67

❺ 家の外 …… 69

5-1 乗り物 …… 69
5-2 交通関連 …… 70
5-3 街・施設 …… 70
5-4 設備 …… 72
5-5 地形 …… 73
5-6 天候 …… 75

❻ 文化・社会 …… 77

6-1 日時と年中行事 …… 77
6-2 スポーツ・遊び …… 78
6-3 学校の施設と道具 …… 82
6-4 学校の授業 …… 83
6-5 学校の行事 …… 84
6-6 健康診断・保健 …… 86
6-7 コミュニケーションの手段 …… 95

索　引 …… 97

コミュニケーションシンボル「ドロップス」が生まれるまで
シンボルを用いたAAC手段の歴史概観 …… 115

著者紹介 …… 124

この本の特長と使い方

最初に本書の特長と使い方のポイントを紹介します。

A …… 2555語のコミュニケーション・シンボルを収録

ドロップス（Drops = The Dynamic and Resizable Open Picture Symbols）はドロップレット・プロジェクトがコミュニケーション支援や視覚支援のために開発したシンボルライブラリです。

本書には、ドロップレット・プロジェクトの２冊の既刊（『視覚シンボルで楽々コミュニケーション』『視覚シンボルで楽々コミュニケーション ２』）に収録された2000語のシンボルに、新たな語彙を555語追加し、合計2555語が収録されています。語彙の分類と配列を見直し、より検索性を高めた決定版になっています。

世界には、ドロップス以外にも障害のある方の支援を目的にした様々なシンボル集があります。しかし、そのほとんどは複数の人が分担して描いています。ドロップスはドロップレット・プロジェクトのメンバーである、イラストレーターの竹内奏子が全てをデザインしています。ドロップスのデザインが統一感に優れているのは、それが理由です。また竹内は、特別支援学校で働く現役の教諭でもあります。そのため、現場のニーズに応えたシンボルであると高く評価されています。

ドロップスの一部（1400語）は、ドロップレット・プロジェクトのウェブサイトで無償頒布されていますが、それ以外の1155語は本書でのみ入手できるシンボルデータです。

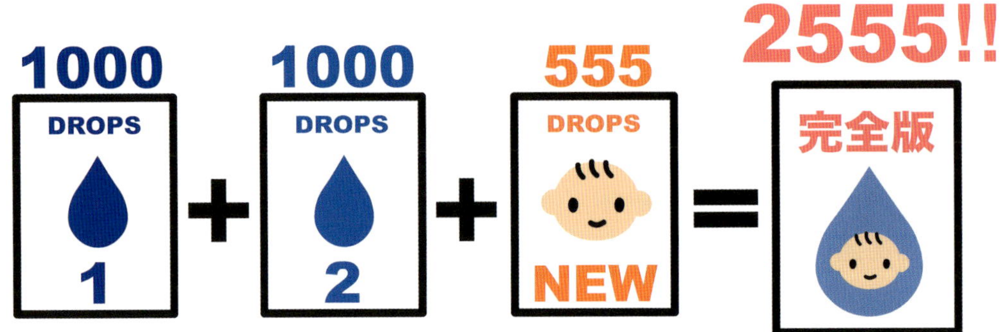

B …… わかりやすい手順表を多数収録

既刊に収録した手順表（「保健行事手順表」「学校へ行くまで」「家に帰ってから」「歯のみがき方」「体の洗い方」など）を全て再収録しています。学校生活や日常生活の様々な場面を、幅広くカバーしています。これらは標準的なワープロソフトである Microsoft Word のファイルになっているので、みなさんの使いたい場面に合わせて簡単に変更ができます（編集が必要ない方のために PDF 版も収録しています）。

からだのあらいかた

1		シャワーをあびる
2		タオルにせっけんをつける
3		みぎのうで
4		ひだりのうで
5		みぎあしのすね
6		みぎあしのもも
7		ひだりあしのすね
8		ひだりあしのもも
9		むね
10		おなか

C …… シンボルを使った、便利な視覚支援シートを収録

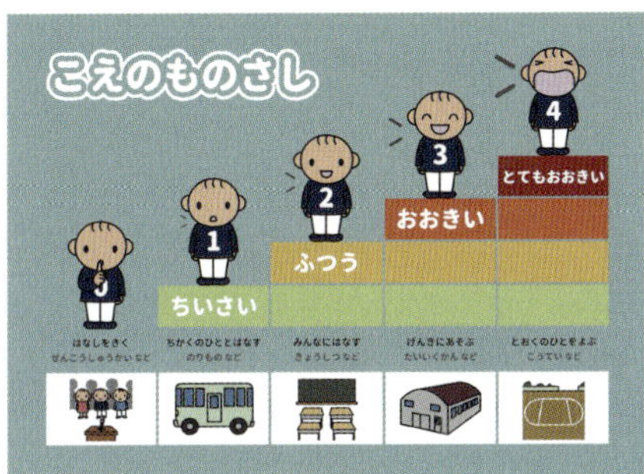

話し言葉での説明や指示、曖昧な表現などの理解が苦手な方の支援に役立つ、視覚支援シートを 4 種類収録しています。

D …… シンボルの具体的な活用方法を紹介

シンボルデータの活用方法は、かつては紙に印刷するのが主流でしたが、最近はスマートフォンやタブレットなどの携帯端末の中で提示することも当たり前にできるようになってきました。そこで様々な場面でのシンボルの活用方法をアナログ、デジタルを取り混ぜて紹介します。それぞれの良さを活かして、対象の方に合った手段を選んでください。

ダウンロード専用ページには次ページ「**ドロップスを使ってみよう！**」で解説するファイルが収録されています。

ドロップスを使ってみよう！

では、いよいよドロップスを実際に使っていきましょう。

1 …… シンボルデータを PC にダウンロードする

Mac や Windows などの PC でドロップスを活用するためには、以下の専用ページからデータをダウンロードして使用します。ダウンロード方法は、ご使用の PC の OS（基本ソフト）やブラウザによって異なる場合があります。ダウンロード後、ファイルは自動的に PC 内の「ダウンロード」フォルダに保存されることが一般的ですが、保存場所はご自身で指定することもできます。

ダウンロードしたシンボルは、全て基本的な画像ファイルで作成されており、お使いの PC に搭載されている標準的な画像閲覧ソフトウェア（Mac は「写真」または「プレビュー」、Windows は「フォト」など）で開くことができ、そのまま印刷することも可能です。

ダウンロード専用ページ URL
https://droptalk.net/drops2555_download/

本書収録シンボルデータの利用許諾条件　**ドロップスの使用については以下の点にご注意ください。**

- ドロップス（シンボルデータ）は一部を除き無償で公開されています。
- 著作権は特定非営利活動法人ドロップレット・プロジェクトに帰属しており放棄していません。
- 複製、印刷、二次配布は原則として自由です。ただし、データに加工・修正を加えたうえでの二次配布を禁じます。
- 本書に収録したシンボルデータ利用は、本書を購入したエンドユーザーのみに対して提供される特典ですので、データサイトへのリンク QR コード、URL などを本書購入者以外に伝達、開示等をすることを禁じます。
- エンドユーザーがダウンロードしたシンボルデータを所属の企業・学校・施設や団体等のファイルサーバー等に保存し、第三者が自由に利用できるように設定する行為を禁じます。
- シンボルデータをご利用になったうえで生じた損害に対し、著作権者は責任を負いかねます。
- データの不具合等に関しましては、できる限り迅速な対応を心掛けますが、環境等の諸事情により迅速な対応ができない場合があります。
- 著作権者は機能追加やバージョンアップ等の義務を負うものではないことといたします。
- 営利目的での利用、また、公的機関や財団からの助成金を得て行う研究開発での利用は、無料での利用はできませんので、事前に著作権者にご相談ください。
- 利用許諾条件は予告なく変更することがあります。

Drops2555_オリジナル
ドロップスが 2555 語おさめられています。

Drops2555_背景透過
ドロップスの背景の白い部分をすべて透明にしたものです。このデータを使うと、画像を重ね合わせて使う時に便利です。

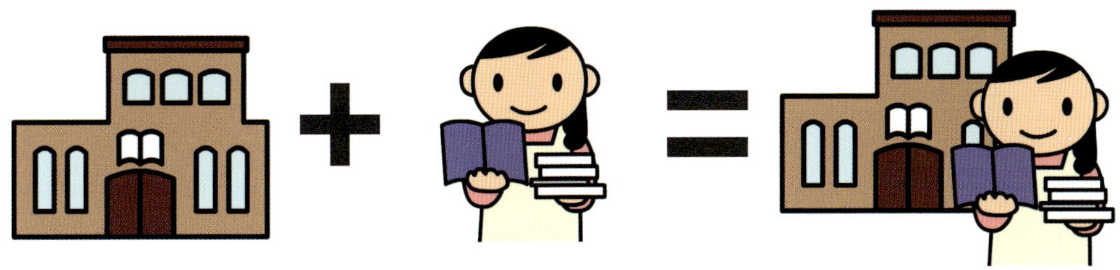

例：「図書館」と「司書」のシンボルを重ね合わせた場合

Drops2555_白黒
ドロップスの色を抜き、線のみにしたデータです。色違いのシンボルを作る時にご活用ください。

Drops2555_索引
必要な語彙がドロップスの中にあるか、また、どのフォルダに入っているのかが探しやすいように索引データを収録しました。Microsoft Excel のデータになっています。

手順表
以下の 4 種類のデータを収録しています。PDF 版と Word 版があります。データを修正して使いたい場合は、Word 版を元にして修正してください。

① 保健行事

ドロップスを使って作成した、保健行事手順表が 14 種類（レントゲン検査発育測定、身体測定、身長測定、体重測定、座高測定、内科検診、眼科検診、視力検査、歯科検診、耳鼻科検診、聴力検査、心電図検査、歯みがき指導）収録されています。

② 家庭ですること

「朝起きてから登校するまで」と「学校から帰宅し寝るまで」にする、主な活動を手順表にしてあります。

③ 歯のみがき方

みがく箇所が「6ヶ所」と「8ヶ所」、みがく箇所に「目印あり」と「目印なし」、さらに「歯ブラシあり」と「歯ブラシなし」の場合に分け、男女別に合計 12 種類の歯みがき手順表を収録しています。一覧表タイプとカードタイプがありますので、用途に応じて使い分けてください。

④ **体の洗い方**

男の子版と女の子版、男性版と女性版があり、こちらもそれぞれ一覧表とカードタイプの手順表があります。

● 視覚支援シート

声の大きさの視覚支援「こえのものさし」、自分の気持ちを表現してもらう「こころのものさし」、シンボルを手がかりに楽しく日記がかける「もじでにっき」「○でにっき」の４種類を収録しています。

● 表情集

ドロップスのメインキャラクターである男の子と女の子の、様々な表情の画像データです。感情の理解の学習や SST の教材、学級通信に添えるイラストや SNS 等でのスタンプとしてお使いいただけます。

2 …… シンボルデータを携帯端末で使うには

PC ではなく、スマートフォンやタブレットなどのいわゆる携帯端末でシンボルを使いたい、という場合も多いと思います。iPhone や iPad などの、Apple 社が販売している機器や、Android OS を用いた機器にドロップスを入れるには、先ほどの PC に移したデータを再度タブレットに移すと良いでしょう。PC から携帯端末への転送方法は、OS の機能向上に伴って変わるため、本書では手順を詳細に説明することはできません。ご使用の機器ごとの説明書を参照するかウェブ検索することをお勧めします。

3 …… ドロップスで絵カードを作ろう

絵カードは視覚支援だけでなく、コミュニケーションや言葉の学習など、様々な場面で使われます。ドロップスは豊富な語彙があるので、いろんな場面に必要な絵カードが簡単に作れます。

最近では、PECS（絵カード交換式コミュニケーションシステム）に代表される、シンボルを使ったコミュニケーション技法が、教育や療育の現場で広まってきています。ドロップスを用いると、そのような支援で使う絵カードを簡単に作ることができます。ダウンロード専用ページに収録されているドロップスは、お使いの PC の標準的な画像閲覧ソフトウェアで開いて、そのまま印刷できます。絵カード印刷のための専用の用紙も発売されています（例：エーワン社「パソコンで手作り絵カード」）。デジカメやスマートフォンで撮った写真を証明写真として使うための専用用紙なども絵カード印刷用に適しています。

基本的な視覚支援の手段として、絵カードを教室のロッカーや棚に貼って、中に入っている物がわかるようにするなどは､子どもたちにとってわかりやすい環境を作る第一歩になります。

「ハサミもってきてね」

と言うだけでは指示がわかりにくい子も、先生が同時に絵カードを見せたり、引き出しにハサミのシンボルが貼ってあったりすれば、自分一人でハサミを取ってくることができるかもしれません。そのように「わかる」環境を作ることで、自分一人で「できる」場面が増やしていきたいですね。

4 …… ドロップスでスケジュール表や手順表を作ろう

ASD の子にとって重要な行動支援ツールの一つに、その子の理解に合わせた個別のスケジュール表や手順表があります。

一日の行動や一連の活動について、曖昧な部分をできるだけなくし、絵で見てわかるように作成されたスケジュール表や手順表は、やることが「わかって」自分で「できる」ようにするための大事な支援です。

「学校へ行くまで」を例にとって、自分で手順表を見ながら準備ができる支援をしてみましょう。

朝起きて、学校に行くまでにも、その中にいろいろな行動があります。子どもにとって必要な行動をまず書き出してみましょう。

1．顔を洗う
2．朝ごはんを食べる
3．歯を磨く
4．着替える

がっこうへいくまで

1		おきる
2		トイレにいく
3		かおをあらう
4		あさごはんをたべる
5		きがえる
6		はをみがく
7		かばんのようい
8		いってきます

というように、当たり前と思っているような行動も、書き出してみると、子どもたちにとって意外にわかりにくい要素があることに気づけます。例えば朝は、家族みんなが顔を洗ったり歯を磨くために洗面所を使うでしょう。使う順番はその都度他の人の様子を見ながらという家庭もあれば、家族の使う順番はある程度決まっている、という家庭もあるでしょう。自分で手順を確認しながら準備をしていくことを学習していくことが必要な段階にある子には、そこを明確にしておくことが自立した行動に効果的な場合が多いです。例えば、家を出るのが早い順に、最初はお父さん、次は自分、次は弟、次はお母さんというように使う人の順番を明示することで、スムーズに前後の手順を進められるようになることがあります。

こういった「ちょっとした」調整をするだけで、自分から行動ができるようになった例がたくさんあります。

ダウンロード専用ページに、手順表の実例を収録してありますので、まずはこれをベースに内容を修正して使ってみてください。

サンプルの手順表は、A4 用紙 1 枚に収まるように作成してあります。このような形とは別に、一つ一つの行動を 1 枚ずつ絵カードにした手順表も有効です。活動が終わったら、その絵を外して「終了ボックス」に入れる。そしてその次の絵カードを見ることで、やるべきことが明確になる、という使い方です。子どもの実態に合わせて、選択してみてください。

紙に印刷して作ったスケジュールや手順表は、即座に修正することは簡単ではありません。しかし、きれいな見た目にこだわらなければ、その場で子どもに必要な情報を書き足して追加することがすぐにできますし、場合によっては子ども自身がそこに書き込めるといった利点もあります。

これは筆者が実際に体験した例です。あるお子さんに手順表を使い始めたところ、嫌な手順の部分だけ、破り取って捨てるという姿を見せてくれたことがありました。彼なりに手順表のシンボルを介して「やりたくない」という気持ちを伝えてくれたのだ、と感動しました。破くことができる、ということは一見欠点のようにも見えますが、逆にこういった意思表示を引き出す可能性もあるのです。

ドロップレット・プロジェクトが開発したドロップタップには、タブレット上で簡単にスケジュールや予定表を作成できる機能があります。後の項で詳しく説明していますので、ぜひ活用してみてください。

5 …… ドロップスを VOCA と一緒に使ってみよう

VOCA（Voice Output Communication Aid = 音声表出型コミュニケーション補助装置）は、コミュニケーション支援でもっとも多く使われる機器の一つです。

図のようにボタンが一つで、それを押すとあらかじめ録音された音声が再生されるタイプの VOCA は、操作がシンプルでわかりやすいので、様々な場所で使われます。この VOCA のスイッチ部分に絵カードを貼ると、VOCA からどんな音声が出るかわかりますから、言葉の学習にも使えますし、場面によって言葉を使い分けるなどの発展が期待できます。

絵カードを使って他者とコミュニケーションを取る時には、基本的には相手が目の前にいないとやり取りができません。しかし、VOCA に絵カードを貼って使うことで、近くにいない人や、こちらを向いていない人の注意を喚起できるという利点があります。自分から働きかけることで、周囲の人に注意を自分に向けてもらう経験が少ないと、生活は受け身になりがちです（逆に言えば、受け身の生活が続くと、人の注意を自分のほうに向けるという意欲も持ちにくくなります）。そういった意味で簡単に音声を表出できる VOCA は、ぜひ子どもたちの生活で常に隣に置いておきたいものの一つです。

前項でも紹介したドロップタップは、タブレットで使える最新の VOCA としてもお勧めです。ドロップタップは、過去の VOCA 専用機とは比較にならないくらいの高機能と簡単な使い勝手を実現しています（次項参照）。

6 …… ドロップスをアプリで使おう

ドロップレット・プロジェクトでは、ドロップスを活用した iPad 用アプリを開発し提供しています。

● DropTap（ドロップタップ）

話し言葉によるコミュニケーションが難しい人が、シンボルと音声を使って他者とやりとりができるように作られた AAC（補助代替コミュニケーション）アプリです。使い方はとても簡単で「ボード」とよばれる画面上にシンボルを配置し、タップするだけでシンボル名がきれいな日本語で再生されます。「ボード」上に並べるシンボルの数は自由に変更できます。また複数のシンボルを並べて、文章として再生することもできます。

2000 語のドロップスと音声が最初から搭載されているので、すぐに学校や家庭で使い始めることができます。また、ドロップス以外にも、カメラやアルバムから画像を追加できるので、必要な語彙をすぐに準備できます。さらに、文字だけの表示もできるので、簡単な文章を並べることもできます。再生する音声は、マイクからの録音やテキスト読み上げに対応しています。作成したボードはファイルとして保存できる他、AirDrop、メール、メッセージなどで共有できます。学校の先生が作ったボードを家庭で使う、他の人が作ったボードを元に自分でシンボルを付け足す、といった共有が簡単にできます。

また、ドロップタップにはスケジュールボードという機能があります。これは名前の通り、スケジュール表や手順表を作るのに特化した機能です。

画面にタッチしていくだけでシンボルが次々と挿入でき、表示の文章を変えることも簡単です。アナログのスケジュールと同じに使えるように様々な工夫がされています。また、スケジュールの横のボックスをタッチするとその手順が終了したことがわかるように、薄く影がかかるようになっています。これで手順の完了がわかります。

ドロップタップの方がアナログのスケジュールより便利なのは、変更が簡単なことです。いちど印刷してしまったスケジュールの順番の入れ替えは面倒ですが、ドロップタップでは、入れ替えが簡単にできます。図（15 ページ・上右）のように、手順の横のバーをタッチして、そのままドラッグするだけで好きな位置に移動できます。番号も自動で振り直されます。

他にも、シンボルに動画を割り当てることができたり、外部スイッチで簡単に操作できたり、使う子の興味関心や障害の特性に合わせた調整が簡単にできる機能が、ドロップタップにはたくさん搭載されています。

ドロップタップの詳しい情報はこちらをごらんください。
https://droptalk.net/?page_id=6496

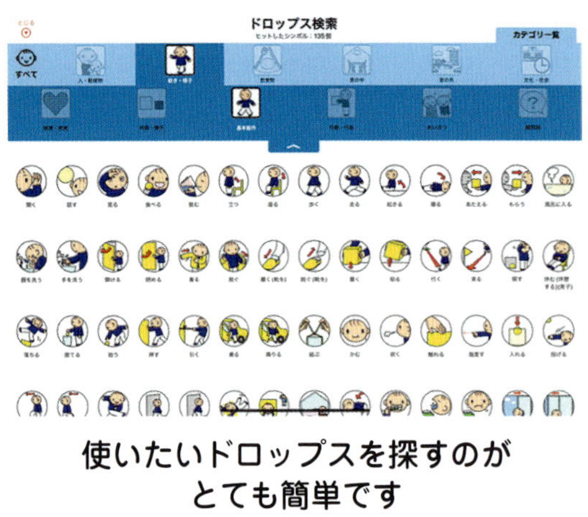

使いたいドロップスを探すのがとても簡単です

コミュニケーション用ボードやスケジュール用ボードを一括管理できます

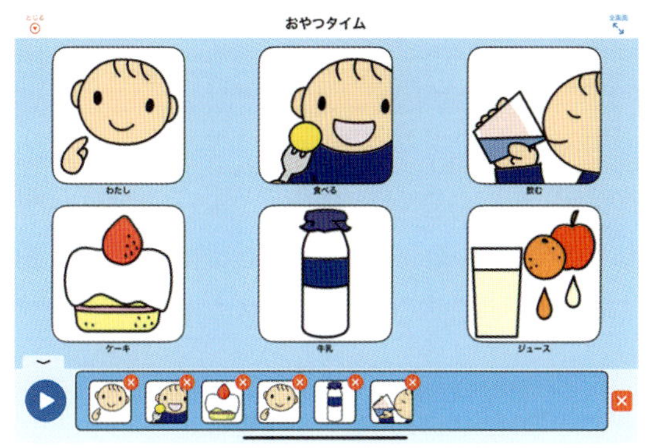

シンボルを並べて、
文章を作ることもできます

スケジュールや手順表も
簡単に作成できます

DropKit（ドロップキット）

ドロップレット・プロジェクトのメンバーが中心となり、特別支援教育に関わる専門家と協力して開発した、教材開発専用アプリです。障害の有無にかかわらず、子どもたち一人一人の興味関心や学習の進度に合わせた「個別最適な教材」が簡単に作れるように、考えられています。

iPad の操作にあまり慣れていないという支援者でも、短い時間で簡単に教材を作成できるように、豊富なテンプレートや素材があらかじめ用意されています。また、こちらにもドロップタップ同様に、2000 語のドロップスと音声が最初から搭載されています。さらにサンプル教材も多数収録しているので、それを元に画像や音声などの部品を入れ替えたりすることで、授業ですぐに使える教材できあがります。また、作成した教材ファイルはドロップタップと同様に、簡単に共有できます。

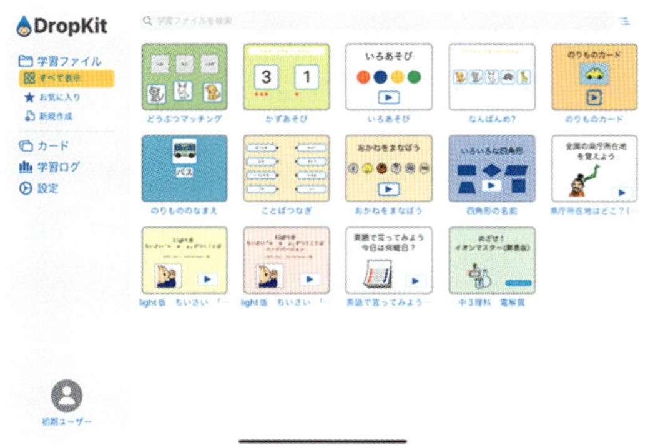

豊富なサンプルがあらかじめ
多数収録されています

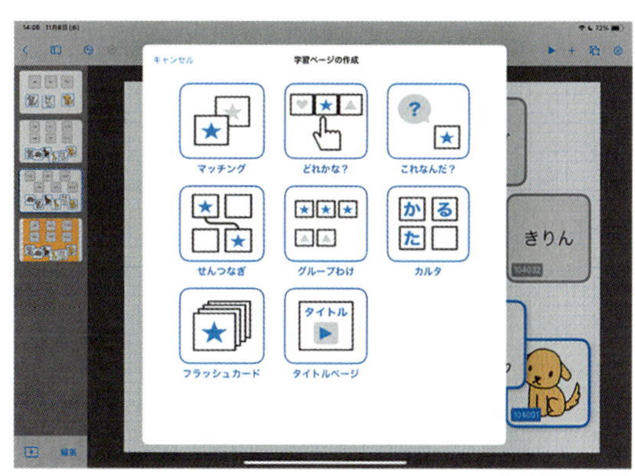

テンプレートから選ぶだけで、
すぐに教材作成ができます

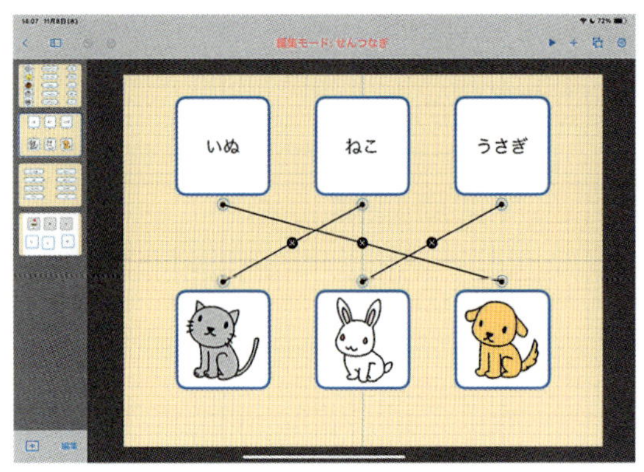

子どもの実態に合わせて
課題の難易度や量を簡単に調整できます

本書で新たに加わった555語の語彙は、現在のドロップタップとドロップキットには収録されていませんが「ドロップスを使うための準備」で示した方法でPCやiPadに新しいシンボルをコピーしておけば、すぐに両方のアプリで使うことができます。

ドロップキットの詳しい情報はこちらをごらんください。
https://droptalk.net/?page_id=9933

購入方法と対応機種

ドロップタップもドロップキットも、Apple社のApp Storeから購入できます。両アプリ共にiPadOS専用です。iPhoneでは使用できないので、ご注意ください。また、AndroidやWindowsには対応していません。

ドロップタップ
https://apps.apple.com/jp/app/droptap/id1600247870

ドロップキット
https://apps.apple.com/jp/app/dropkit/id6444632191

6 …… さいごに

ドロップレット・プロジェクトのウェブサイト https://droptalk.net/ には、ドロップスやアプリに関する最新のお知らせや、講演会・研修会の予定や活動報告など様々な情報が掲載されています。ぜひご覧ください。

シンボルライブラリ

2555

❶ 人・動植物

1-1 人物

男

女

家族

お父さん

お母さん

男の子

女の子

赤ちゃん

おじいさん

おばあさん

わたし

あなた

わたしたち

大勢

きょうだい

兄

姉

弟

妹

大人

こども

友達

恋人

おじさん

おばさん

両親

彼ら

1-2 職業

先生（男性）

先生（女性）

校長先生（男性・髭あり）

校長先生（男性・髭なし）

校長先生（女性）

養護教諭

司書（男性）

司書（女性）

医師（男性）

医師（女性）

看護師

歯科医師

歯科衛生士

保育士

理学療法士（PT）

作業療法士（OT）

言語聴覚士（ST）

介護福祉士（男性）

介護福祉士（女性）

警察官

交番の警察官

消防士

救急隊員

電車の運転手

バスの運転手

パイロット

キャビンアテンダント

美容師（男性）

美容師（女性）

コック

喫茶店員（1）（男子）

喫茶店員（1）（女子）

喫茶店員（2）（男子）

喫茶店員（2）（女子）

Drops

喫茶店員（3）
（ホットコーヒー・男子）

喫茶店員（3）
（ホットコーヒー・女子）

喫茶店員（4）
（アイスコーヒー・男子）

喫茶店員（4）
（アイスコーヒー・女子）

喫茶店員（5）
（オレンジジュース・男子）

喫茶店員（5）
（オレンジジュース・女子）

清掃員
（男子）

清掃員
（女子）

農家

漁師

大工

鵜匠（1）

鵜匠（2）

高校生
（男子）

高校生
（女子）

高校生
（男子・女子）

1-3 その他

神様

サンタクロース

1-4 身体

全身

頭

顔

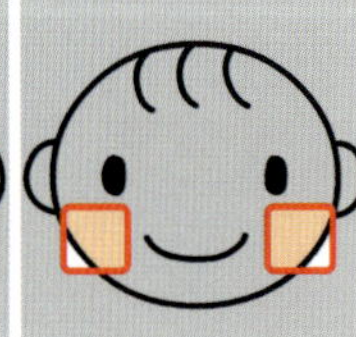
頬

目

耳

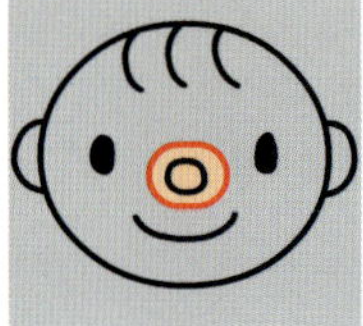
鼻

口

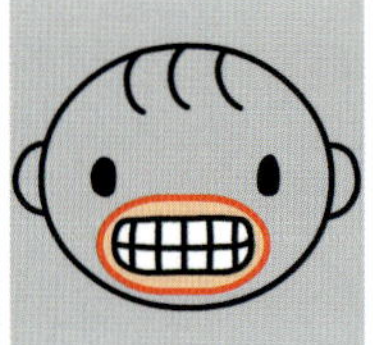
歯

舌

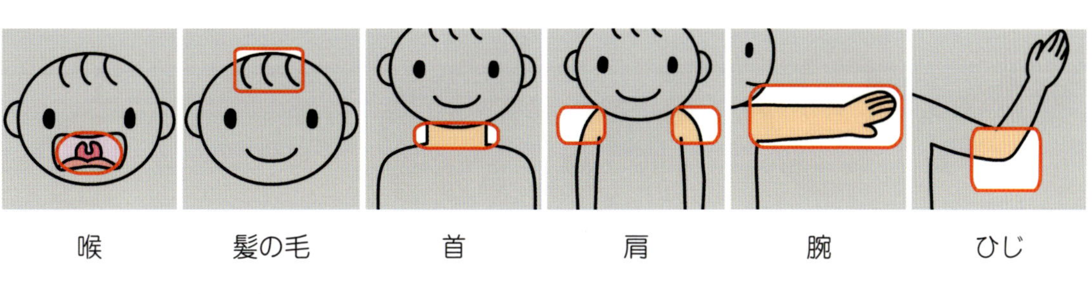

喉　髪の毛　首　肩　腕　ひじ

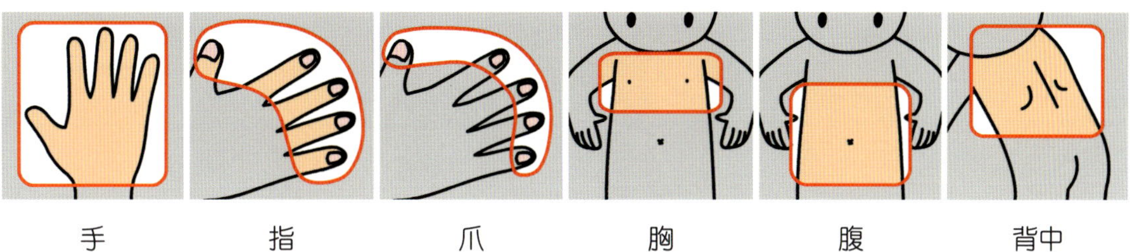

手　指　爪　胸　腹　背中

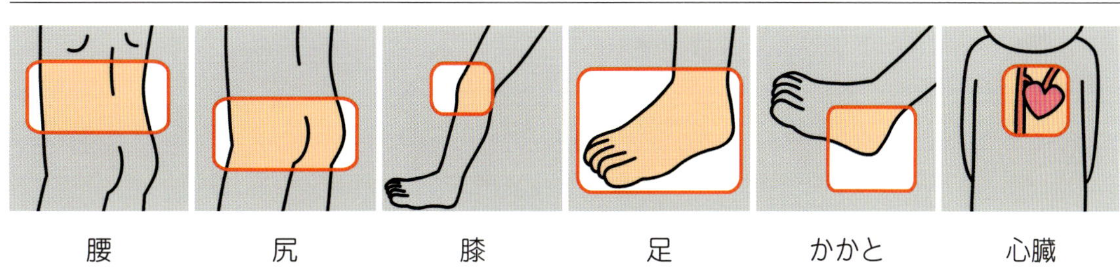

腰　尻　膝　足　かかと　心臓

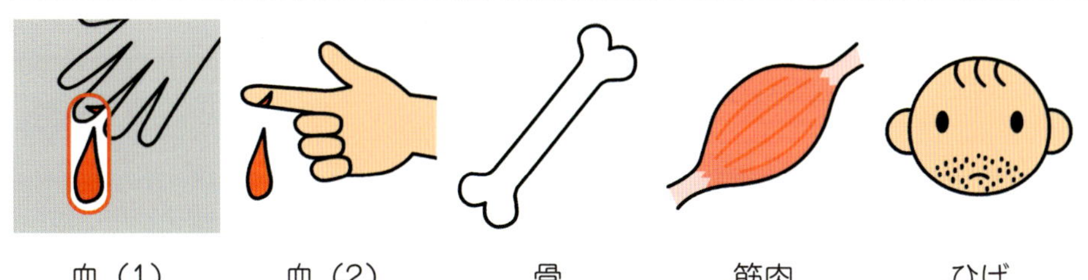

血（1）　血（2）　骨　筋肉　ひげ

1-5 動物

動物（総称）　犬　猫　馬

牛　豚　山羊　ネズミ　ウサギ　羊

イノシシ

猿

鹿

熊

ゾウ

キリン

カンガルー

虎

ライオン

シマウマ

カバ

サイ

ゴリラ

ラッコ

パンダ

ラクダ

イルカ

クジラ

コウモリ

魚

金魚

コイ

フナ

メダカ

ピラニア

ムツゴロウ

タツノオトシゴ

ウナギ

ナマズ

フグ

鮎

カニ

ザリガニ

カエル

ヘビ

カメ

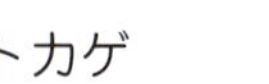

トカゲ　鳥　ニワトリ　スズメ　アヒル　カラス

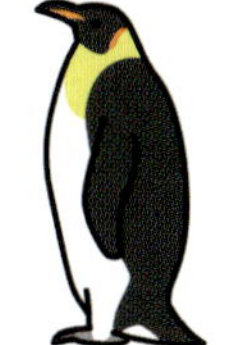

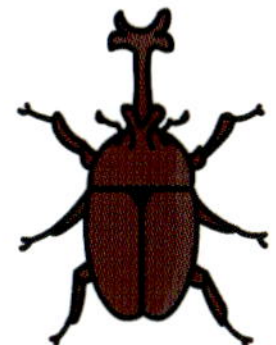

ハト　ツバメ　鵜　ペンギン　昆虫　カブトムシ

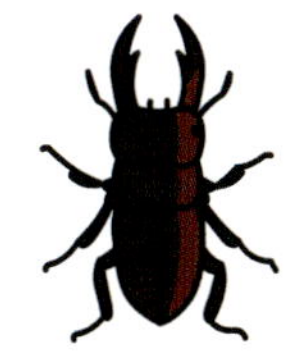
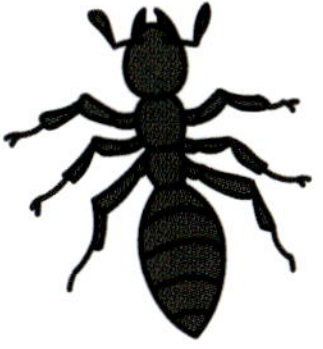

クワガタムシ　アリ　セミ　チョウ　青虫　トンボ

ハチ　ハエ　蚊　ゴキブリ

1-6 植物

木　花　種　葉

枝　草　根　花粉　杉　桜

松　竹　梅　白樺　もみじ　ばら

たんぽぽ　チューリップ　すみれ　すずらん　ゆり　コスモス

朝顔　ひまわり　つくし　クローバー　四葉のクローバー

② 動き・様子

2-1 感情・感覚

気持ち

好き

嫌い

幸せ

楽しい

ワクワクする

嬉しい

笑う

満足している

我慢する

自慢する

頑固だ

悲しい（男子）

悲しい（女子）

がっかり

泣く

美味しい

不味い

酸っぱい

甘い

辛い

苦い

面白い

つまらない

驚く（男子）

驚く（女子）

怒る（男子）

怒る（女子）

心配

安心

怖い

寂しい

恥ずかしい

かわいい

かっこいい

うらやましい

困る

優しい

いじわる

静かに

易しい

難しい

わからない

欲しい

やめて

寒い

暑い

涼しい

暖かい

お腹がすいた

お腹が
いっぱいだ

喉が渇いた

臭い

うるさい

元気だ

だるい

疲れている

起きられない

眠れない

眠い
（男子）

眠い
（女子）

痛い

苦しい

頭が痛い

めまい

吐き気がする

嘔吐する

耳鳴り

視力の低下

寒気

風邪

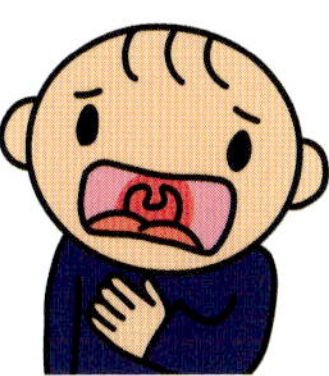
喉が痛い

熱がある（1）

熱がある（2）

咳

くしゃみ

鼻水

目のかゆみ

まぶしい

お腹が痛い
（男子）

お腹が痛い
（女子）

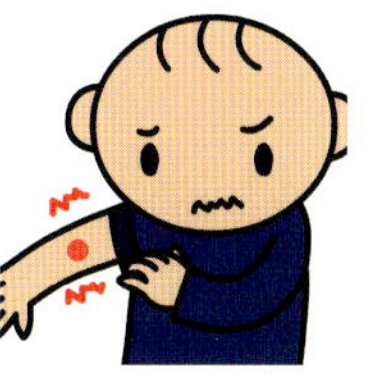
痒い

歯が痛い

虫歯

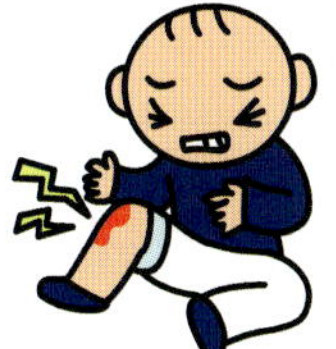
けが

肌の調子が
いい

ドキドキする

忙しい

恋しがる（1）

恋しがる（2）

イライラする
（男子）

イライラする
（女子）

思春期の
イライラ（男子）

思春期の
イライラ（女子）

パニックを
起こしている（男子）

パニックを
起こしている（女子）

静かモード
（体育座り）

静かモード
（着席）

拒否（座り込み）

拒否（寝る）

2-2 状態・様子

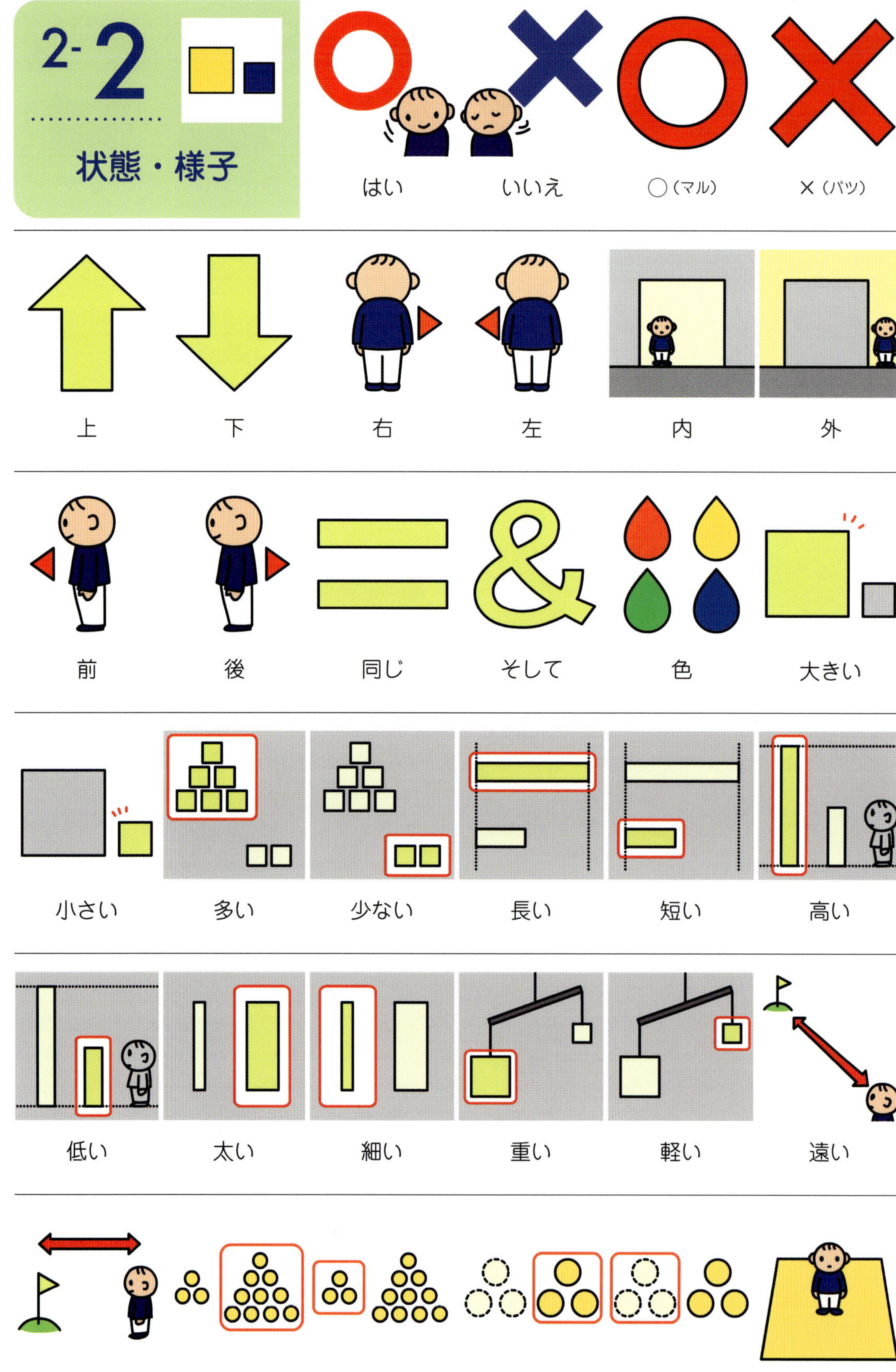
はい
いいえ
◯（マル）
×（バツ）
上
下
右
左
内
外
前
後
同じ
そして
色
大きい
小さい
多い
少ない
長い
短い
高い
低い
太い
細い
重い
軽い
遠い
近い
たくさん
少し
ある
ない
広い

狭い

厚い
薄い

速い

遅い

新しい

古い

明るい

暗い

熱い

冷たい

かたい

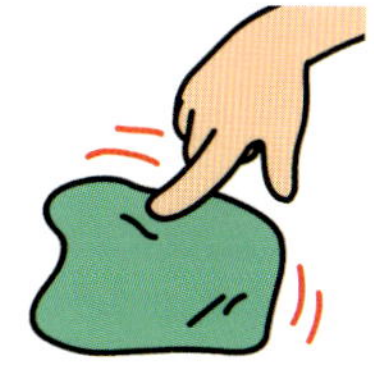
やわらかい

濡れた

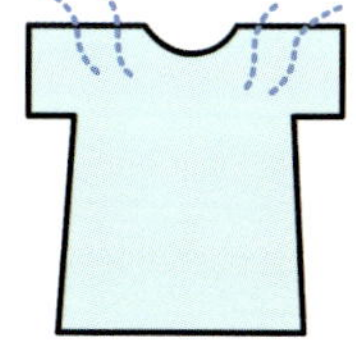
乾いた

きれい

汚い

美しい

片付いている

ちらかっている

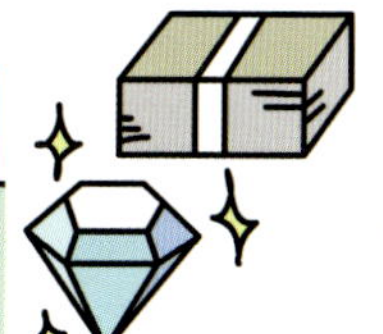
高価

安価

幼い

老いた

太っている

やせている

わたしのばん

あなたのばん

あたり

はずれ

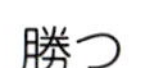
勝つ

負ける

生まれる

死ぬ

違う

見つからない

終わり

2-3 基本動作

聞く

話す

見る

食べる

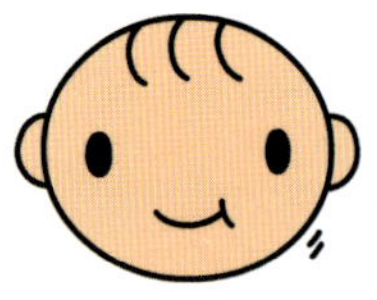

かむ

飲む

飲む
（ペットボトル飲料）

食事
（複数で楽しく食べる）

食事
（口に食べ物が入ったまま喋る）

食事
（食べる時に席を立つ）

お菓子を
食べる

箸の持ち方
（箸を１本だけ持つ）

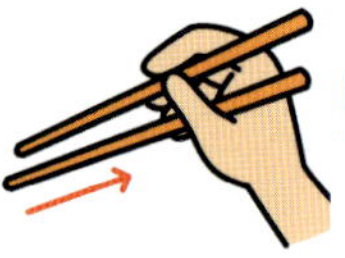

箸の持ち方
（箸を２本持つ）

箸の持ち方
（上の箸だけ動かす）

箸をくわえる

箸を向ける

スプーンの
持ち方

ナイフとフォーク
の持ち方

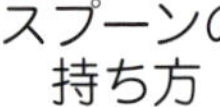
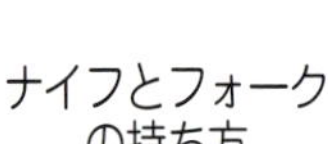
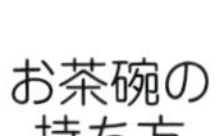

お茶碗の
持ち方

皮をむく

湯を沸かす

ゆでる

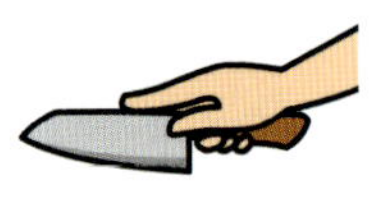

包丁の持ち方
（1）

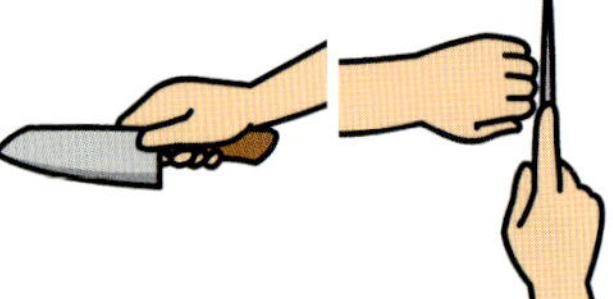

包丁の持ち方
（2）

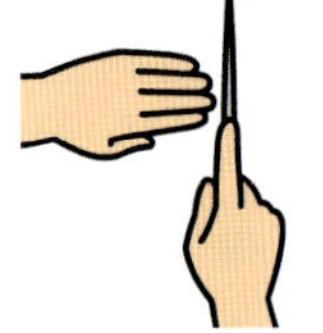

包丁の切り方
（1）

包丁の切り方
（2）

お玉の持ち方

お玉のよそい方

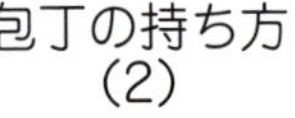
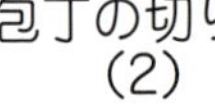

Drops

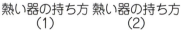

熱い器の持ち方（1）

熱い器の持ち方（2）

お盆の持ち方

カップの持ち方

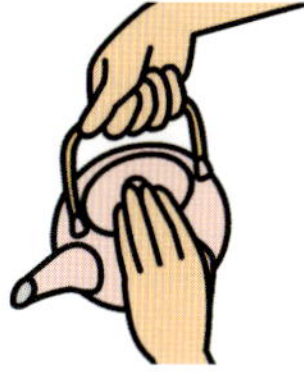
急須の持ち方

立つ

座る

背もたれ付きいすに座る（女子）

背もたれ付きいすから立つ（女子）

歩く

走る

起きる

寝る

あたえる

もらう

開ける

閉める

開ける（窓を）

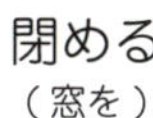
閉める（窓を）

着る

脱ぐ

服を着る

服を脱ぐ

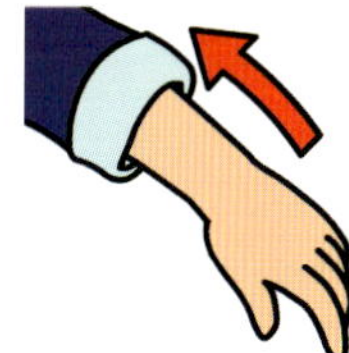
袖をまくる

園児服を着る（1）

園児服を着る（2）

園児服を着る（3）

園児服を着る（4）

園児服を着る（5）

園児帽をかぶる（1）

園児帽をかぶる（2）

園児帽をかぶる（3）

園児帽をかぶる（4）

園児帽をかぶる（5）

園児帽をかぶる（6）

冬用の帽子をかぶる

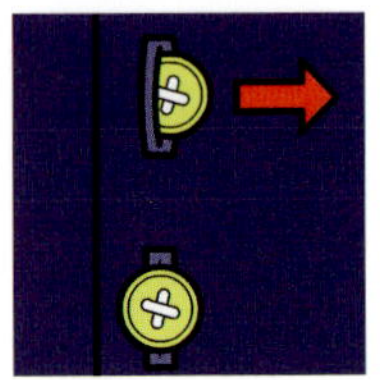
ボタンを通す

浴衣を着る

シャツが出ている
（前・男子）

シャツが出ている
（前・女子）

シャツが出ている
（後ろ・男子）

シャツが出ている
（後ろ・女子）

シャツを入れる
（前・男子）

シャツを入れる
（前・女子）

シャツを入れる
（後ろ・男子）

シャツを入れる
（後ろ・女子）

ズボンをはく
（男子）

ズボンをはく
（女子）

毛糸のパンツを
はく（女子）

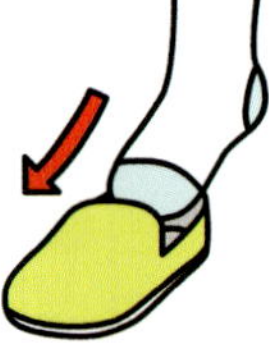
履く
（靴を）

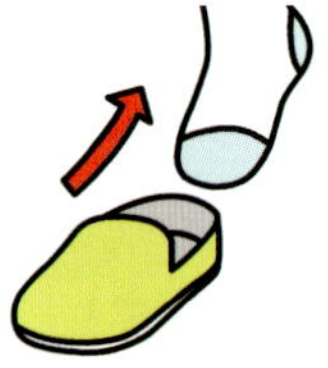
脱ぐ
（靴を）

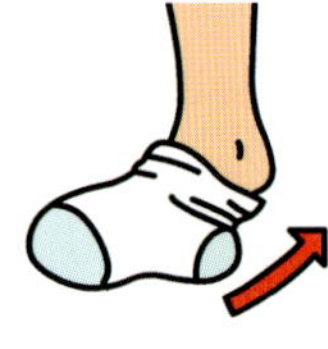
履く
（靴下を）

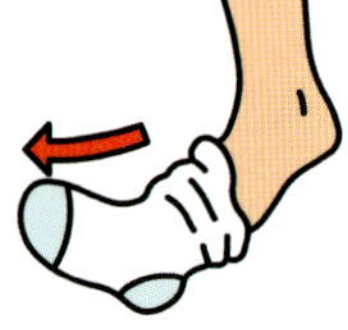
脱ぐ
（靴下を）

置く

取る

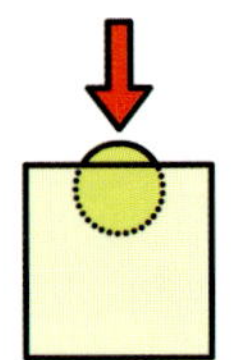
入れる

行く

来る

落ちる

捨てる

拾う

押す

引く

乗る

降りる

上る
（台に）

下りる
（台から）

上る
（階段を）

下りる
（階段を）

入る

出る

転ぶ

休む
（休憩する・男子）

休む
（休憩する・女子）

休む
（眠る）

探す

隠れる

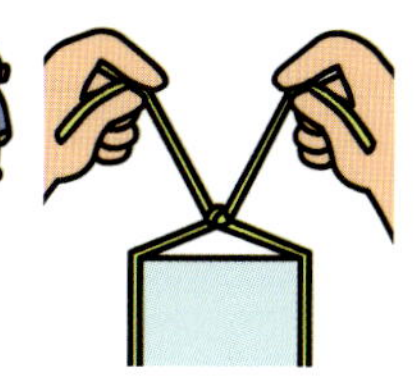
結ぶ

吹く

触れる

指差す

投げる

蹴る

絞る

風呂に入る

風呂に
飛び込む

顔を洗う

顔を洗う
（泡を立てる）

顔を洗う
（泡で洗う）

顔を洗う
（泡で洗う・服なし）

顔を洗う
（泡を流す）

顔を洗う
（タオルで拭く）

手を洗う

水で
手を濡らす

石鹸で手を洗う

石鹸の泡を
手に取る

アルコールを
手に取る

手のひらを洗う

手のひらを洗う
（泡あり）

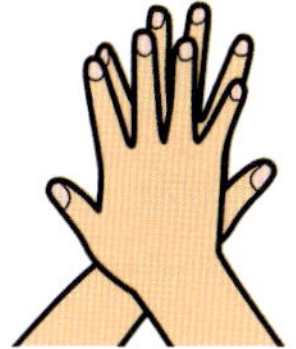
手の甲を洗う

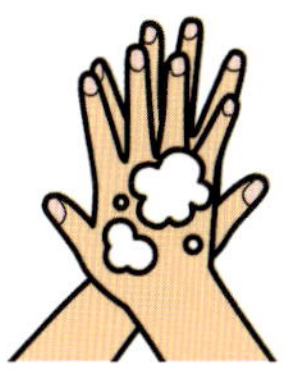
手の甲を洗う
（泡あり）

指の間を洗う

指の間を洗う
（泡あり）

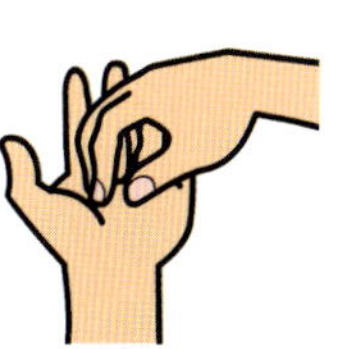
爪を洗う

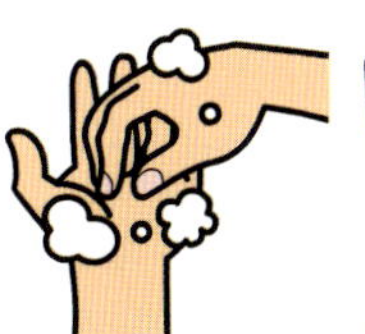
爪を洗う
（泡あり）

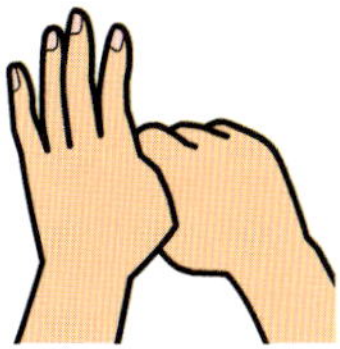
親指を洗う

親指を洗う
（泡あり）

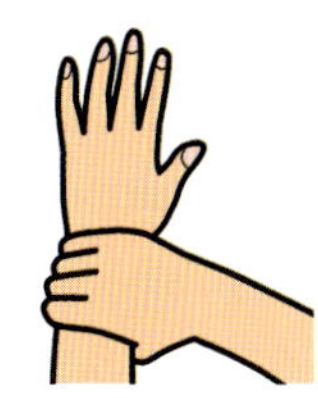
手首を洗う

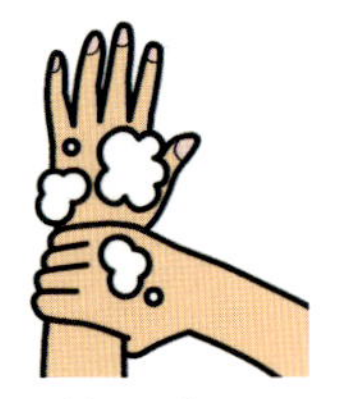
手首を洗う
（泡あり）

水で泡を流す

手を拭く

歯を磨く

うがいをする
（ガラガラ・男子）

うがいをする
（ガラガラ・女子）

うがいをする
（ブクブク・男子）

うがいをする
（ブクブク・女子）

下を向いて水を
吐き出す（男子）

下を向いて水を
吐き出す（女子）

水を吐き出す

水を入れる

歯ブラシを
水につける

歯ブラシ
鉛筆持ち

並べる

分ける

選ぶ

決める

積む

こぼす

割れる

電車に乗る

電車を降りる

上る
（段差を）

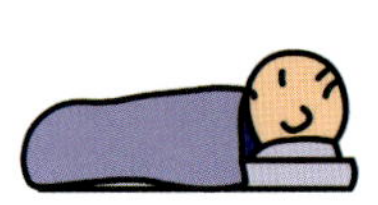

寝る
（布団で）

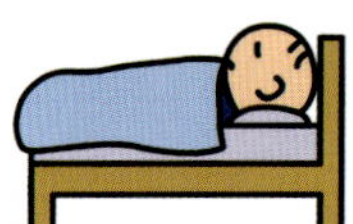
寝る
（ベッドで）

起床する
（布団で）

起床する
（ベッドで）

昼寝する

夢を見る

ジャンプする

トイレに行く

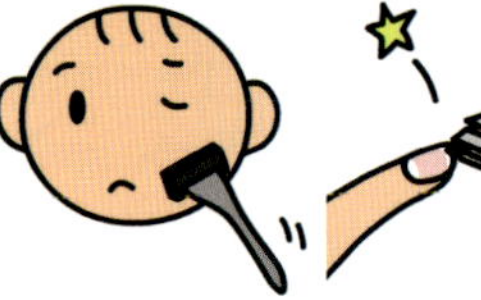
ひげを剃る

爪を切る

爪切り
（手）

爪切り
（足）

鼻をかむ

鼻を拭く

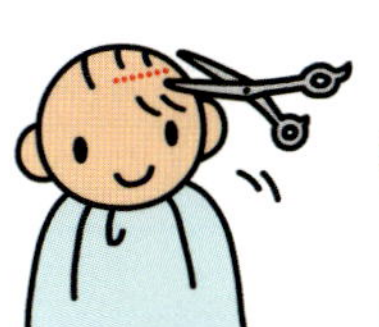
散髪する（男子）

散髪する（女子）

髪を洗う（男子）

髪を洗う（女子）

髪を乾かす（男子）

髪を乾かす（女子）

髪をとかす（男子）

髪をとかす（女子）

髪をしばる

散髪ケープをかける（女子）

化粧する

カイロを貼る（女子）

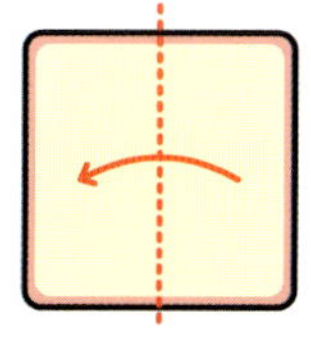
ハンカチのたたみ方（1）

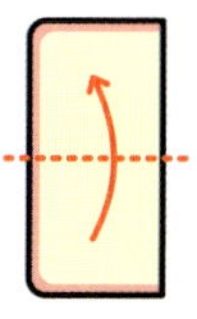
ハンカチのたたみ方（2）

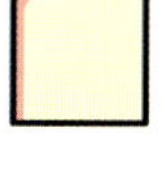
ハンカチのたたみ方（3）

Tシャツのたたみ方（1）

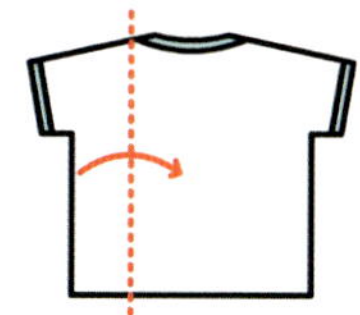
Tシャツのたたみ方（2）

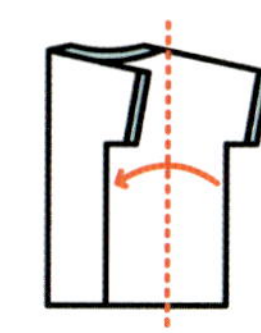
Tシャツのたたみ方（3）

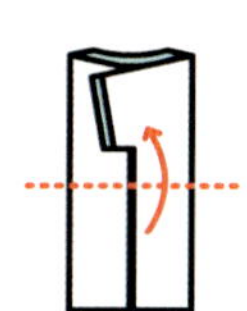
Tシャツのたたみ方（4）

Tシャツのたたみ方（5）

Tシャツのたたみ方（6）

エプロンのたたみ方（1）

エプロンのたたみ方（2）

エプロンのたたみ方（3）

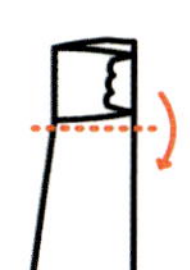
エプロンのたたみ方（4）

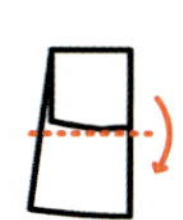
エプロンのたたみ方（5）

エプロンのたたみ方（6）

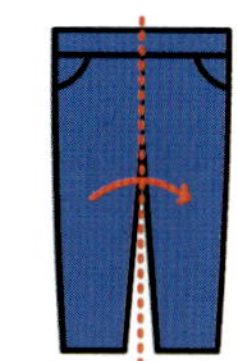
ズボンのたたみ方（1）

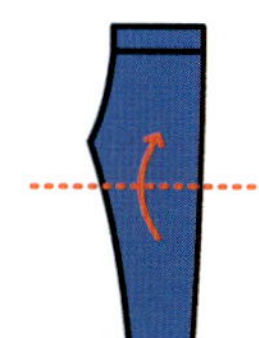
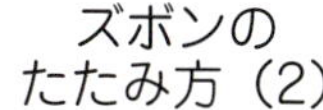
ズボンのたたみ方（2）

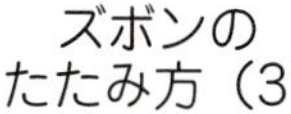
ズボンのたたみ方（3）

ズボンのたたみ方（4）

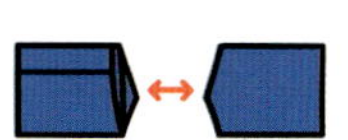
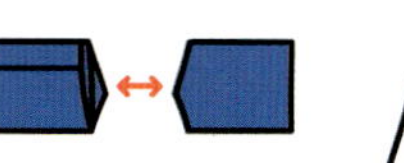
ズボンのたたみ方（5）

靴の持ち方

メガネをかける（男子）

メガネをかける
（女子）

礼（お辞儀）をする

愛する

キスする

頷きながら聞く

相手の話を最後まで聞く

泣いている子の話を聞く

泣いている子に話しかける

女性に年齢を聞く

話している人の方を見る

2-4 行動・行為

感謝する

謝る

歌う

拍手する

ダンスする

ダンスをする
（複数で）

読む

音読する

書く

描く

知っている

考える

わかる（1）

わかる（2）
（わかった）

できる
（できた）

尋ねる

数える

遊ぶ

勉強する

会う

切る

燃やす

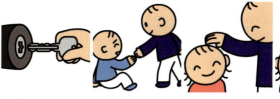

買い物をする

運ぶ

鍵をかける
（あける）

助ける

褒める

叱る

働く

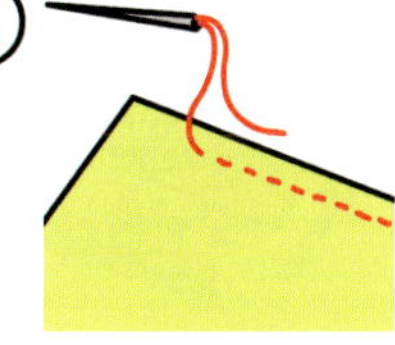
縫う

呼ぶ

掘る

植える

水をやる

交換する

待つ

ノックする

郵便を出す

外出する

帰宅する

留守番をする

犬の散歩をする

電話相談する

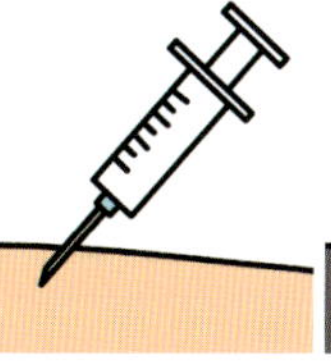
注射をする

料理をする

混ぜる

ゴムべらで
混ぜる

手でこねる

めん棒で伸ばす
(1)

めん棒で伸ばす
(2)

クッキーの
型抜きをする

配膳する

カップラーメン
を食べる

掃除をする (1)

掃除をする (2)

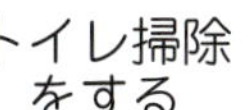
トイレ掃除
をする

風呂掃除をする

拭く

はたき掃除をする

バケツに水を入れる

机の持ち方

机の運び方

自在箒をかける（1）

自在箒をかける（2）

自在箒をかける（3）（男子）

自在箒をかける（3）（女子）

ちりとりの使い方（1）

ちりとりの使い方（2）

ちりとりの使い方（3）

短い箒の使い方（1）

短い箒の使い方（2）

モップをかける（男子）

モップをかける（女子）

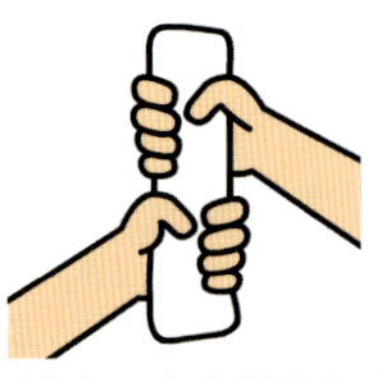

雑巾のしぼり方（1）

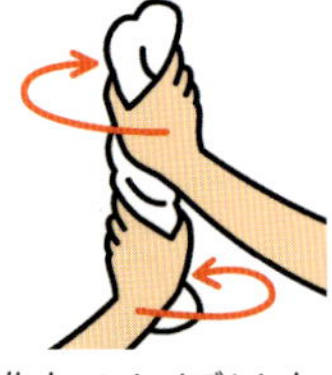

雑巾のしぼり方（2）

雑巾の拭き方（1）

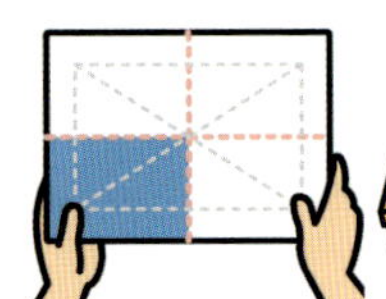

雑巾の拭き方（2）

雑巾の拭き方（3）

雑巾の拭き方（4）

テーブル雑巾がけ（男子）

テーブル雑巾がけ（女子）

スクイージーをかける（男子）

スクイージーをかける（女子）

ゴミを出す

干す

洗濯物をたたむ

排便（姿勢）

排尿・排便する（1）（男子）

排尿・排便する（2）（男子）

排尿・排便する（3）（男子）

排尿・排便する（4）（男子）

排尿・排便する（5）（男子）

排尿・排便する（6）（男子）

排尿・排便する（1）（女子）

排尿・排便する(2)（女子）

排便（お尻を拭く・男子）

排便（水を流す）

排便（はみ出しウンチを拭く）

排尿成功（男子）

排尿失敗（1）（男子）

排尿失敗（2）（男子）

結婚する

約束する

けんかする

会話する

ささやく

小さい声で伝える（男子）

小さい声で伝える（女子）

ぶつかる

紹介する

車いすに乗る（男子）

車いすに乗る（女子）

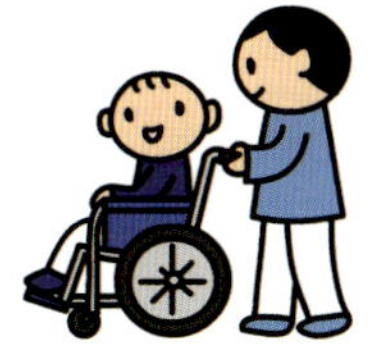
車いすを押してもらう（男性に）

車いすを押してもらう（女子が男性に）

車いすを押してもらう（女性に）

車いすを押してもらう（女子が女性に）

車いすを自分でこぐ（男子）

車いすを自分でこぐ（女子）

横断歩道をわたる

ヘルメットをかぶる

シートベルトをする（1）

シートベルトをする（2）

並ぶ

並ぶ（整列する）

背の順に整列する

気をつけ

前へならえ(1)

前へならえ(2)

小さく前へならえ(1)

小さく前へならえ(2)

2 動き・様子

Drops

体育座り(1)
(男子)

体育座り(1)
(女子)

体育座り(2)

正座をする(1)

正座をする(2)

あぐら座りを
する

作る

折る

貼る

ハサミの
持ち方

ハサミの
渡し方

カッターの
持ち方（1）

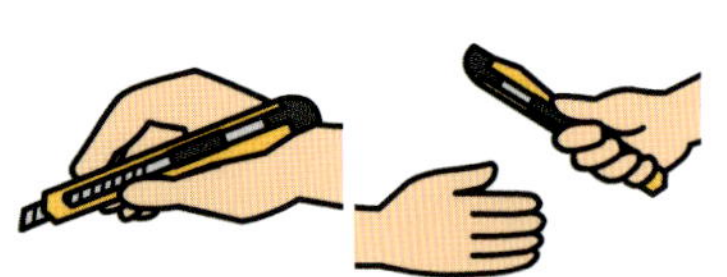
カッターの
持ち方（2）

カッターの
渡し方

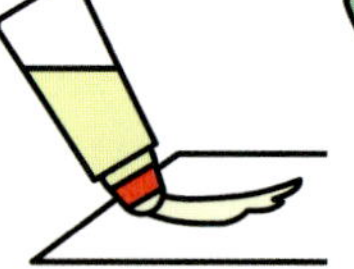
のりをつける

チューブのりを
つける

工作のりを
つける

黒板を拭く

黒板消しクリー
ナーをかける

布を染める

採点する

鑑賞する

コタツに入る

シャンプーを
手にとる

リンスを
手にとる

おんぶして
もらう（男性に）

おんぶして
もらう（女性に）

だっこして
もらう（男性に）

だっこして
もらう（女性に）

肩車してもらう
（男性に）

肩車してもらう
（女性に）

高い高いしてもらう
（男性に）

高い高いしてもらう
（女性に）

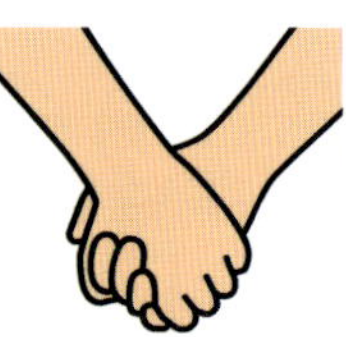
手をつなぐ

手をつなぐ
（男子と男子）

手をつなぐ
（女子と女子）

手をつなぐ
（女子と男子）

先生と手をつなぐ
（男子と先生男性）

先生と手をつなぐ
（男子と先生女性）

先生と手をつなぐ
（女子と先生男性）

先生と手をつなぐ
（女子と先生女性）

バスに
乗り遅れる

車を運転する
（1）

車を運転する
（2）

準備体操
（水着・男子）

準備体操
（水着・女子）

シャワーを浴びる
（水着・男子）

シャワーを浴びる
（水着・女子）

水着で歩く

水着で走る

水着で転ぶ

プールに入る

プールに
飛び込む（1）

プールに
飛び込む（2）

プールに
落とす

ハンカチを
口に当てる

机の下に
もぐる

ダンゴムシの
ポーズ

逃げる

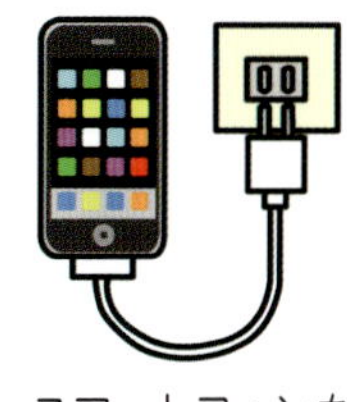
スマートフォンを
充電する

スマートフォンを
操作する

歩きスマホ
（は危ない）

電話をする(1)
（スマートフォン）

電話をする(2)
（スマートフォン）

緊急電話を
かける（1）

緊急電話を
かける（2）

緊急電話を
かける（3）

iPad を操作する
（タッチ）

iPad を操作する
（タップ）

iPad を操作する
（ダブルタップ）

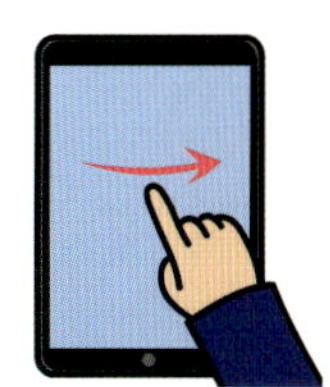
iPad を操作する
（スワイプ）

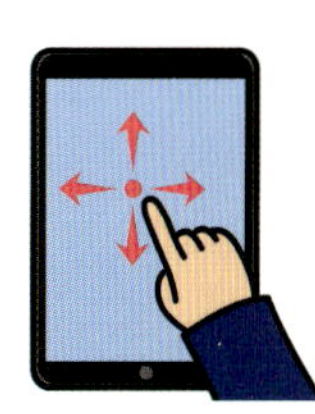
iPad を操作する
（フリック）

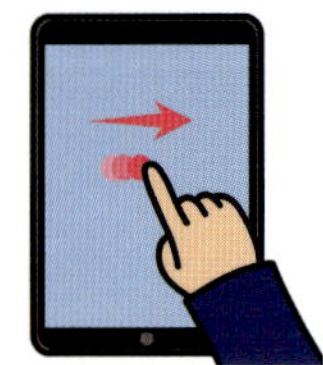

iPad を操作する
（ドラッグ）

iPad を操作する
（ピンチイン）

iPad を操作する
（ピンチアウト）

iPad を
一緒に見る

目と口を開く

目印の場所へ
行く

目印の場所に
立つ

線の上を歩く

よつばい

たかばい

片足立ち

片足立ち
（目を閉じて）

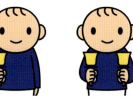

プリントを
配る

テレビ会議を
する

段ボール箱に
入る

月を眺める

ハンドベルの
持ち方（1）（1つ）

ハンドベルの
持ち方（1）（2つ）

ハンドベルの
持ち方（2）（1つ）

ハンドベルの
持ち方（2）（2つ）

ハンドベルの
鳴らし方

リコーダーの
姿勢（1）

リコーダーの
姿勢（2）

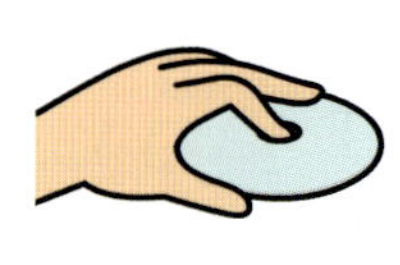

CD の持ち方

鉛筆の持ち方
（1）

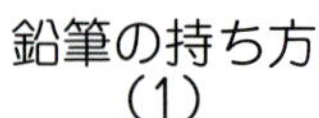

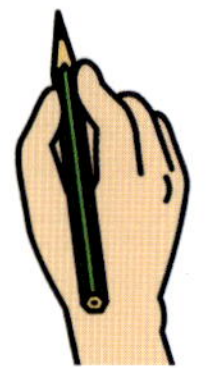

鉛筆の持ち方
（2）

発表する

説明する

表現する

理由を伝える

提案する

大人に
相談する

覚える

思い出す

忘れる

忘れ物に
気づく

騒ぐ

ミニカーで遊ぶ

ゲームをする

リフトに乗る

貯金する

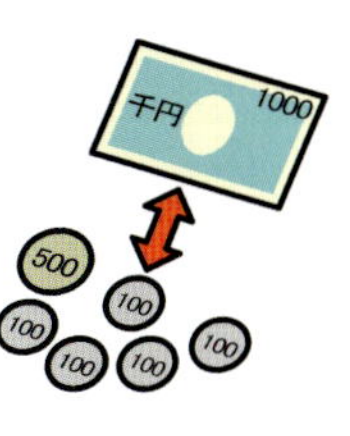
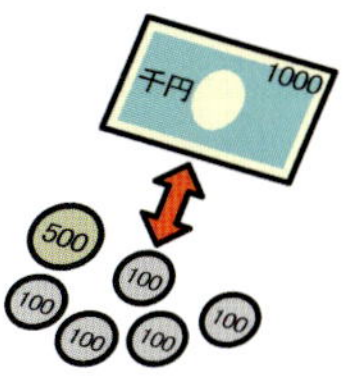

両替する

持ち上げる

物の渡し方
(両手で持つ)

物の渡し方
(顔を向ける)

傘の持ち方

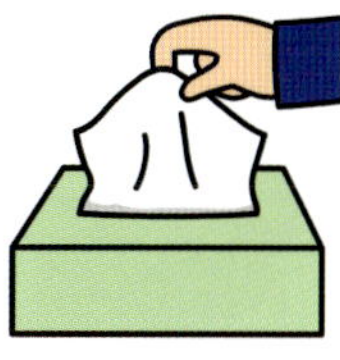
ティッシュを取る

ティッシュをゴミ箱に捨てる

草取り

歯を閉じる
(いー)

袖で鼻と口を覆う

口から息を吸う

息を止める

口を塞ぐ

目を閉じる

ゆっくり息を吸う

目を閉じて息を止める

深呼吸

かぐ

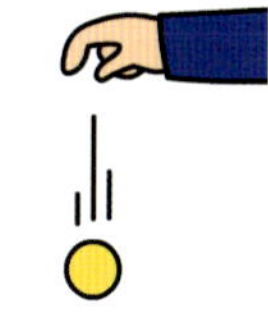
落とす

つまむ

たたく

すべる

祈る(1)

祈る(2)

引越し

投票する

知らない人から声をかけられる

防犯ブザーを鳴らす

一週間スケジュールを貼る

2-5 あいさつ

あいさつ（1）

あいさつ（2）

こんにちは

さようなら

おはよう

こんばんは

おやすみなさい

ありがとう

ごめんなさい

いただきます

ごちそうさま

おかわりする

もう いりません

どうぞ

おめでとう

お願いします

いってきます

いってらっしゃい

ただいま

おかえりなさい

がんばりました

困っています

いいねえ

そうそう

大丈夫

なるほど

もう一度

手伝って ください

握手（1）

握手（2）

ハイタッチ

えいえいおー（1）

えいえいおー（2）

挙手する（男子）

挙手する
（女子）

返事をする
（男子）

返事をする
（女子）

ちょっと
待って

わたしの名前は

大丈夫
（OK）

やめてください
（嫌）

やってもいい？

もっと

できることは
ありますか

ここに来て

ギャルピース
（男子）

ギャルピース
（女子）

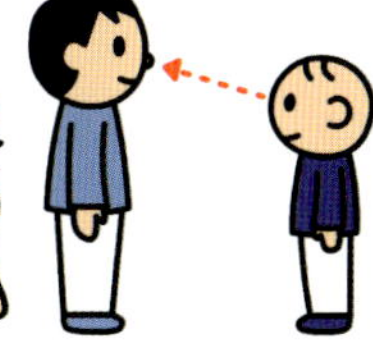
おじぎ
（相手の鼻を見る）

おじぎ
（軽い）

おじぎ
（深い）

2-6 疑問符

いつ？

どこ？

誰？

なに？

どちら？

どれ？

いくら？

どこに
ありますか？

何する？

元気ですか？

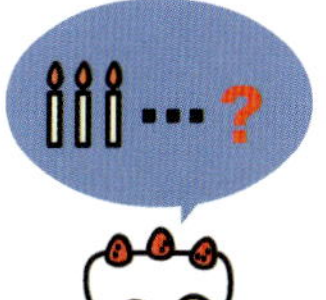
何歳ですか？

③ 飲食物

3-1 食事の種類

食事・洋食

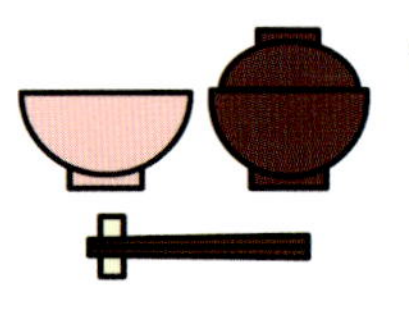

和食

中華

朝ごはん

昼ごはん　夕ごはん

3-2 料　理

ご飯

おにぎり

お弁当

餅

パン

トースト

バター
トースト

チーズ
トースト

目玉焼き
トースト

ピザトースト

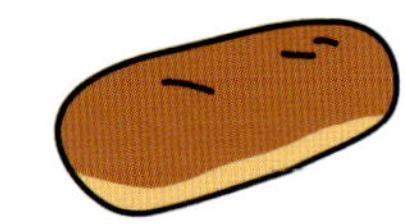

コッペパン

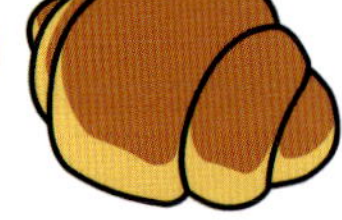

ロールパン

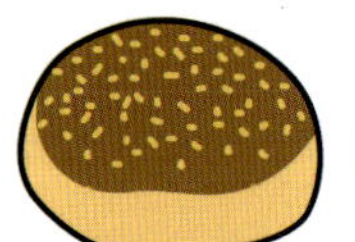

バンズ

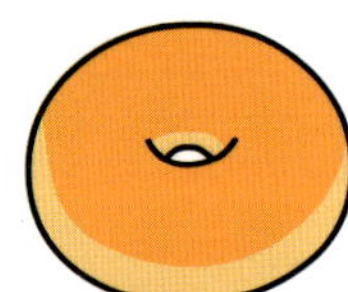

ベーグル

クロワッサン

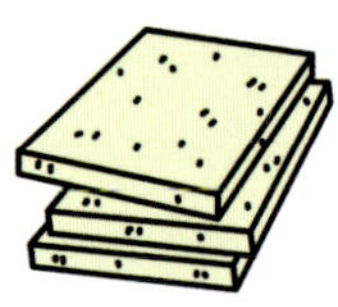

サンドイッチ用
食パン

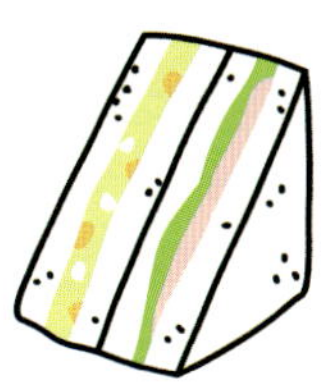
サンドイッチ

おかず

汁物

カップラーメン（1）

カップラーメン（2）

寿司

太巻き

いなり寿司

手巻き寿司

回転寿司

焼肉

ハンバーグ

ハンバーガー

カレーライス

イタリアン

スパゲティ

ピザ

サラダ

丼物

鍋物

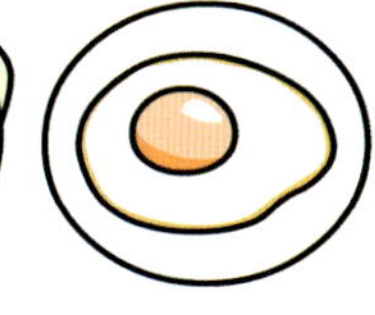
目玉焼き

卵焼き

ゆでたまご

うどん

そば

ラーメン

焼きそば

焼きそば（パック入り）

みそ煮込みうどん

きしめん

伊勢うどん

わんこそば

へぎ蕎麦

盛岡冷麺

じゃじゃ麺

大分団子汁

博多とんこつ
ラーメン

ちゃんぽん

ソーキそば

おでん

野菜炒め

お好み焼き

お好み焼き
(パック入り)

たこ焼き

焼きイカ

焼きイカ
(パック入り)

焼き
とうもろこし

唐揚げ

手羽先

エビフライ

フライドポテト
(1)

フライドポテト
(2)

フライドチキン

チキンナゲット

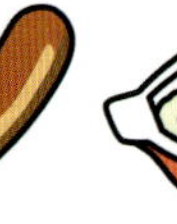
ウィンナー
ソーセージ

グラタン

ポップコーン

焼き芋

餃子

シュウマイ

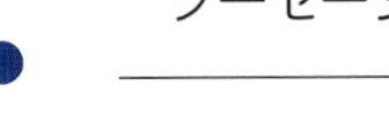

チャーハン

肉まん

あんまん

うな重

うな丼

みそカツ

天むす

ひつまぶし

ソースカツ丼

もつ鍋

イカしゅうまい

コンビニ弁当

デザート（1）　デザート（2）　カットりんご

3-3 野菜

野菜 　キャベツ 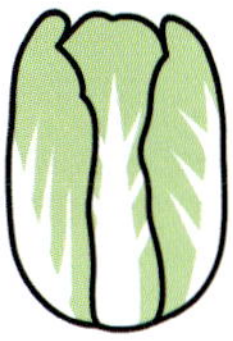　白菜 　レタス

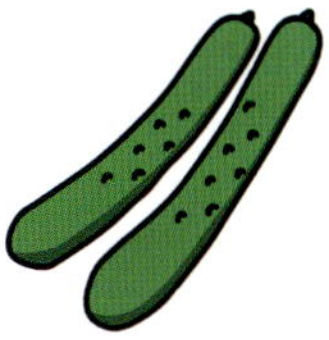

きゅうり 　にんじん 　大根 　玉ねぎ 　トマト 　なす

ピーマン 　パプリカ（赤）　パプリカ（黄）　じゃがいも 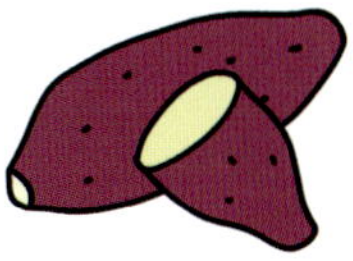　さつまいも 　かぼちゃ

かぶ（白）　かぶ（赤）　ねぎ 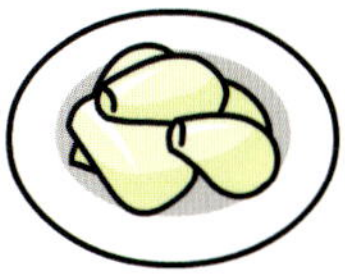　らっきょう 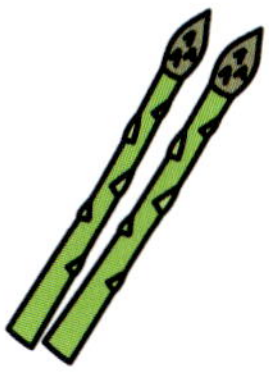　アスパラガス 　ブロッコリー

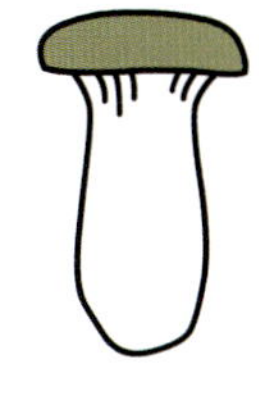

カリフラワー　きのこ　しいたけ　しめじ　エリンギ　とうもろこし

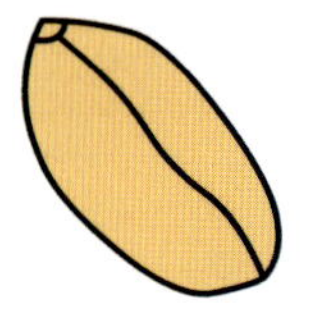

ピーナッツ

枝豆

金時草

加賀太きゅうり

3-4 果物

果物

りんご

みかん（1）

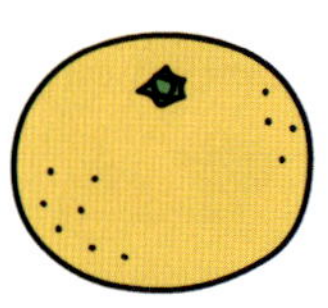

みかん（2）

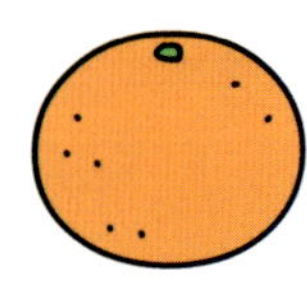

レモン

かぼす

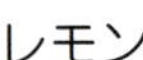

いちご（1）

いちご（2）

バナナ

スイカ

さくらんぼ

柿

桃

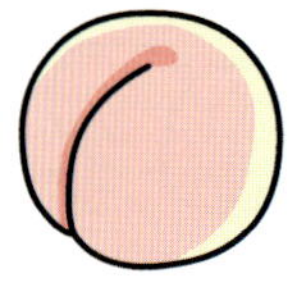

梨

栗

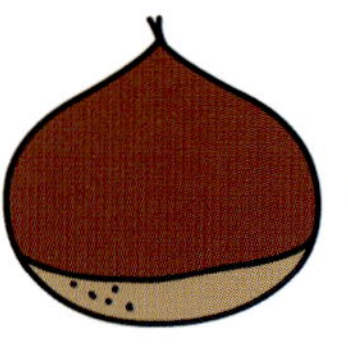

メロン

あんず

洋梨

ぶどう（1）

ぶどう（2）

パイナップル

3-5 菓子

菓子

ケーキ

チョコレート

あめ（1）

あめ（2）

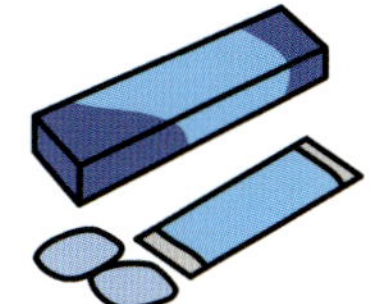
ガム

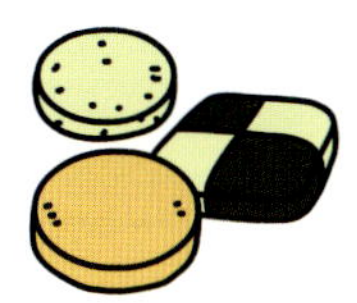
クッキー

せんべい

ドーナツ

ポテトチップス

アイスクリーム（1）

アイスクリーム（2）

ソフトクリーム

アイスキャンディー

ジェラートアイス

ガリガリ君

かき氷

ココアゼリー

抹茶ゼリー

プリン（1）

プリン（2）

ヨーグルト

パウンドケーキ

ホットケーキ

カステラ

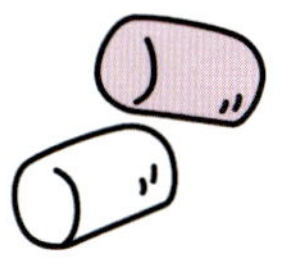
マシュマロ

柿の種

柿ピー

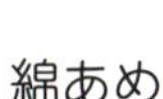
綿あめ

りんごあめ

チョコバナナ

干しいも

焼きだんご

やせうま

南部せんべい

ういろう

ポッポ焼き

笹団子

五家宝

サーターアンダギー

ちんすこう

3-6 飲み物

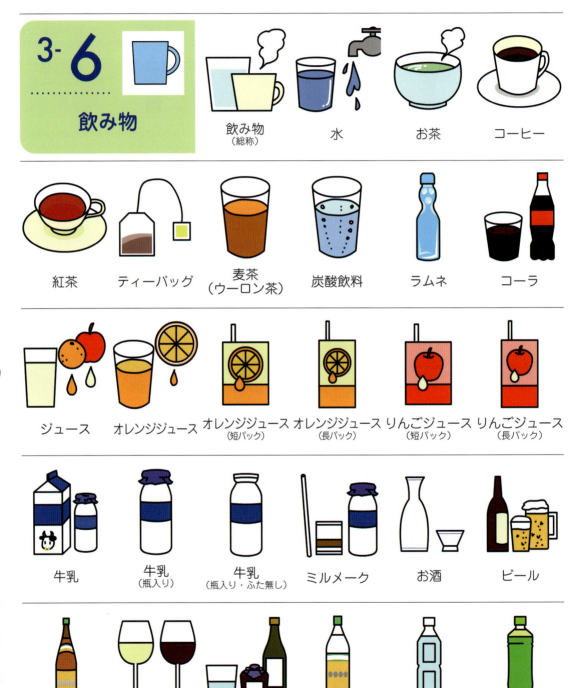

飲み物
（総称）

水

お茶

コーヒー

紅茶

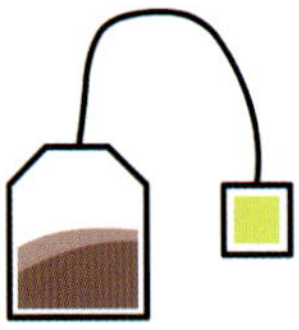

ティーバッグ

麦茶
（ウーロン茶）

炭酸飲料

ラムネ

コーラ

ジュース

オレンジジュース

オレンジジュース
（短パック）

オレンジジュース
（長パック）

りんごジュース
（短パック）

りんごジュース
（長パック）

牛乳

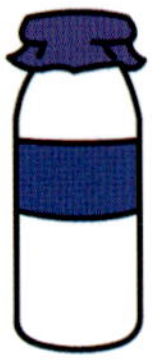

牛乳
（瓶入り）

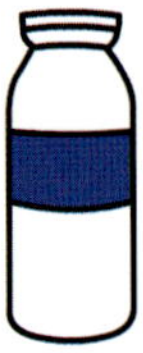

牛乳
（瓶入り・ふた無し）

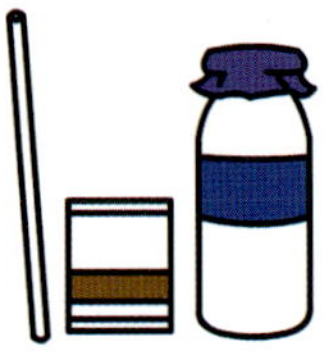

ミルメーク

お酒

ビール

お酒
（一升瓶）

ワイン

焼酎（1）

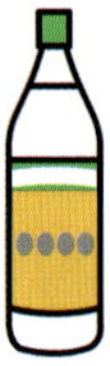

焼酎（2）

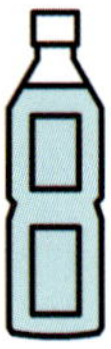

ペットボトル
飲料

ペットボトル
飲料（お茶）

ペットボトル
飲料（炭酸飲料）

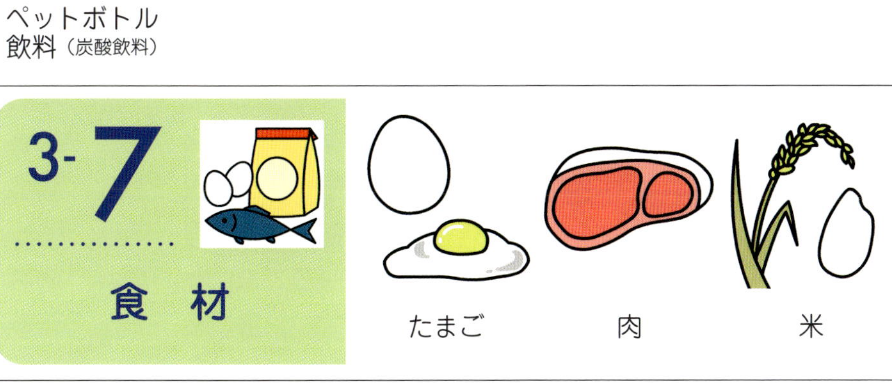

3-7 食材

たまご　肉　米　小麦粉

鮭切り身　カジキ切り身　明太子　乾しいたけ　豆腐　厚揚げ

油揚げ　海苔　わかめ　チーズ　納豆（パック）　納豆（ワラ）

ソフト麺　松坂牛　ヤリイカ

3-8 調味料・その他

しょうゆ　ソース　塩　こしょう

砂糖

酢

みそ

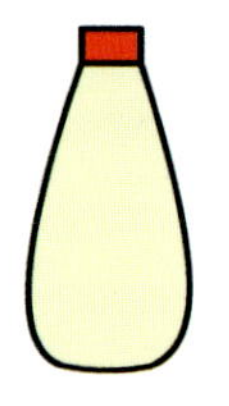

マヨネーズ

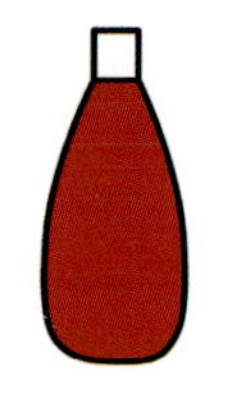

ケチャップ

ドレッシング

バター

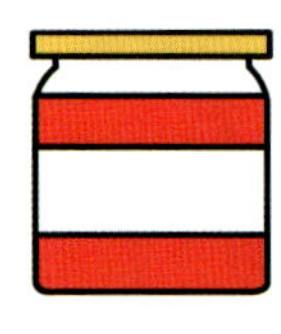

ジャム

ふりかけ

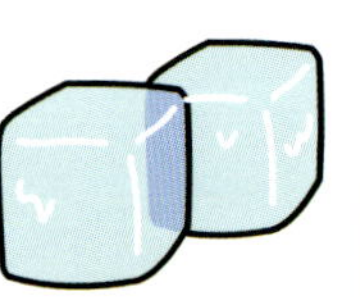

氷

缶詰

④ 家の中

4-1 住まい・家具

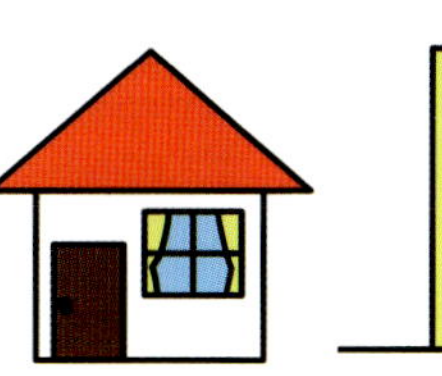
家

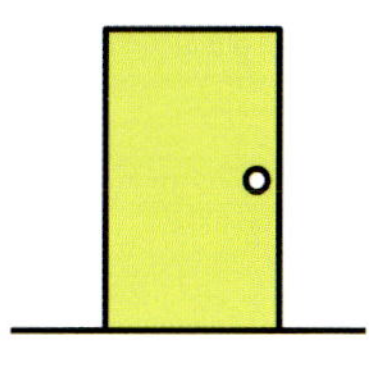
ドア

灯り

食堂

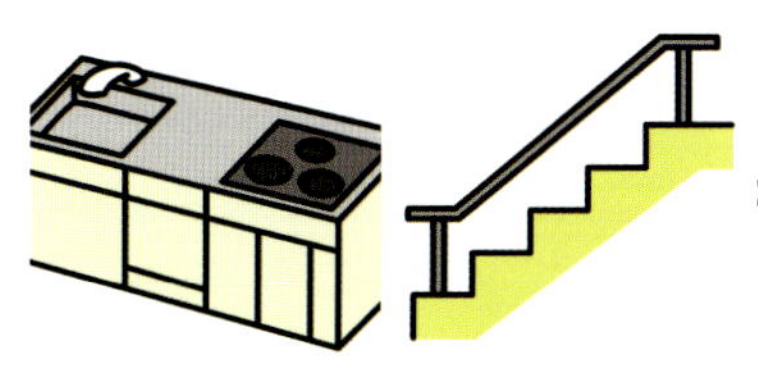
台所

階段

手洗い

水道

風呂

シャワー

トイレ（1）

トイレ（2）

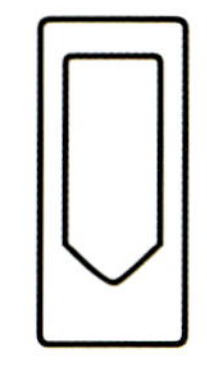
男子トイレ(1)

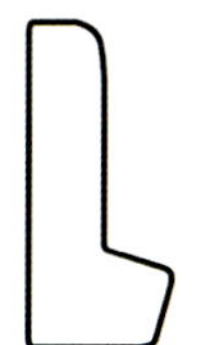
男子トイレ(2)

和式トイレ(1)

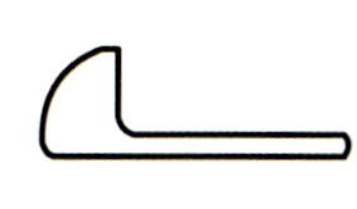
和式トイレ(2)

洗面台

郵便受け

観葉植物

庭

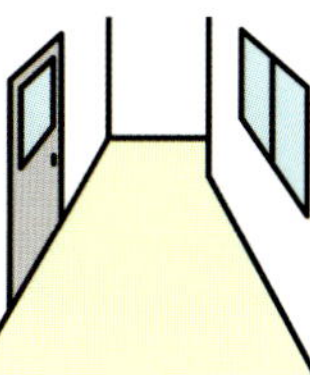
廊下

コンセント

自分の部屋

窓

カーテン

棚

ストーブ

いす

パイプいす（1）パイプいす（2）テーブル  机  ベッド  毛布

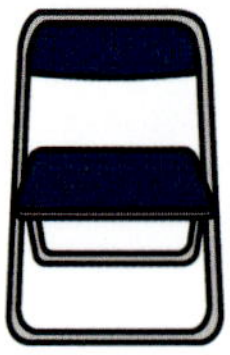

ソファ  コタツ  布団  枕  ゴミ箱

4-2 電化製品

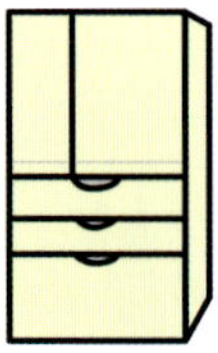

冷蔵庫  電子レンジ 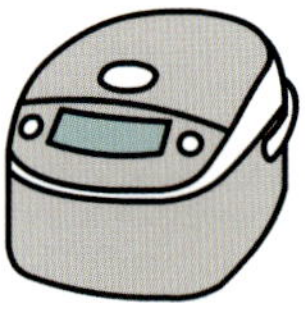 炊飯器  オーブントースター

洗濯機  アイロン 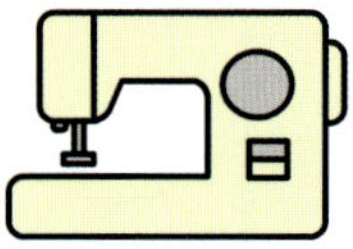 ミシン  ラジオ  テレビ  リモコン

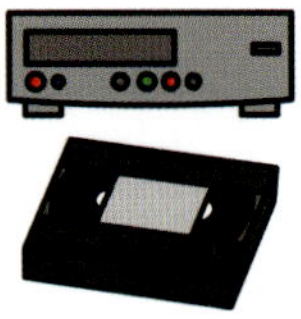

ビデオデッキ  ビデオテープ  CD デッキ  CD  カセットテープ  ヘッドフォン

電話

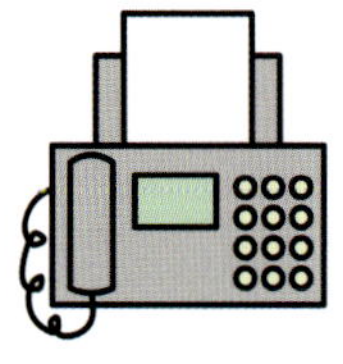

ファクス

パソコン

ノートパソコン

検索機

プリンタ

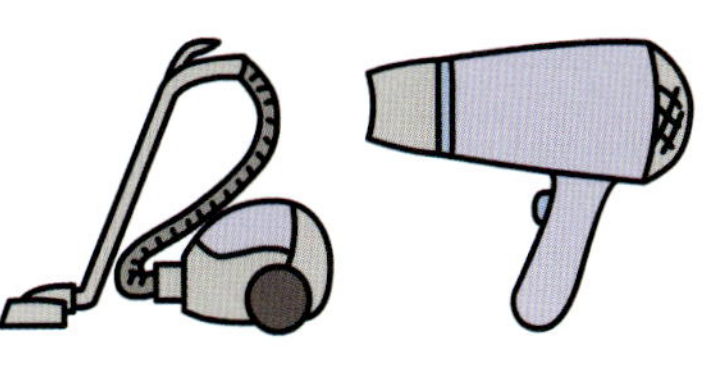
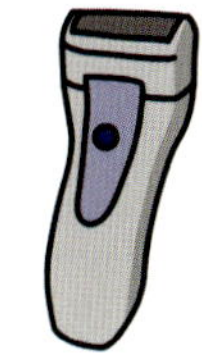

掃除機　ドライヤー　電気かみそり　エアコン　扇風機　ファンヒーター

4-3 衣類

シャツ　上着　カーディガン　ジャンパー

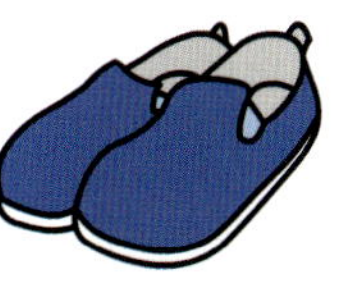

コート　ズボン　スカート　靴下　靴　長靴

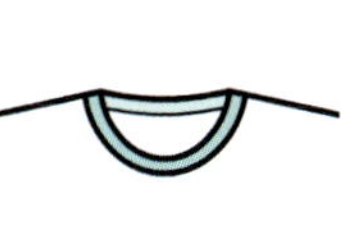

スリッパ　うわばき　スニーカー　シャツ（下着）　Ｔシャツ　Ｔシャツ首元（前）

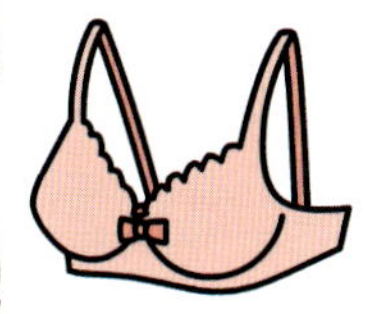

Ｔシャツ首元（後ろ）　パンツ　ブラジャー　ハット　キャップ　ニット帽

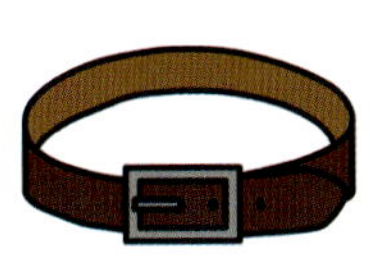

手袋　マフラー　冬用帽子　ベルト　ネクタイ　パジャマ

 カッパ	 作業着	軍手	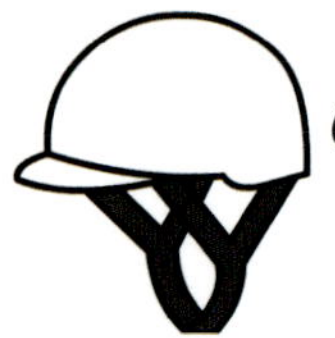 ヘルメット	 エプロン	 マスク
 制服	 学生服（男子）	 セーラー服（女子）	 ブレザー（男子）	 ブレザー（女子）	 スーツ
  スーツ（男性）	 スーツ（女性）	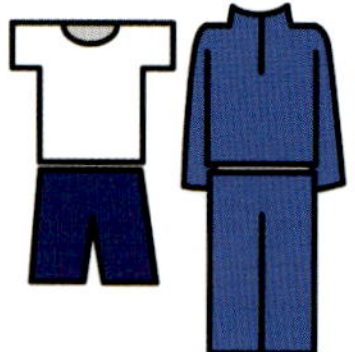 ジャージ	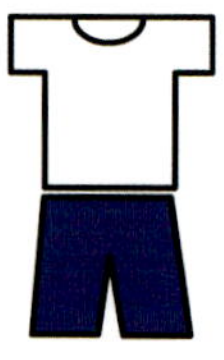 ジャージ（夏用）	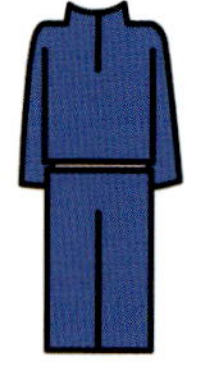 ジャージ（冬用）	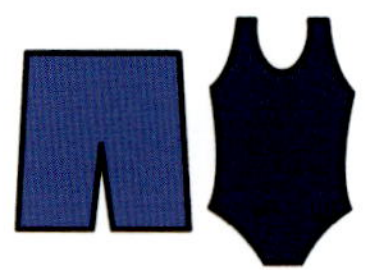 水着
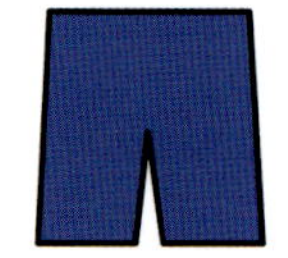 水着（男子）	 水着（女子）	 園児服（1）	 園児服（2）	 園児服（3）	 園児服（4）
  園児服（5）	 園児帽（1）	  園児帽（2）	 園児帽（3）	 園児帽（4）	 園児帽（5）
  園児帽（6）	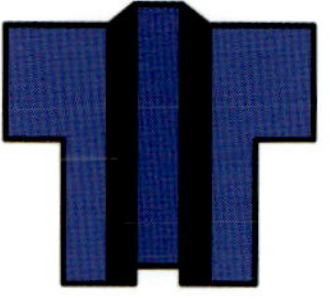 法被（1）	 法被（2）	 春秋服（1）	 春秋服（2）	 春秋服（3）

春秋服 (4)

夏服 (1)

夏服 (2)

冬服 (1)

冬服 (2)

4-4 携行品

メガネ

サングラス

財布

鍵

腕時計

ハンカチ (1)

ハンカチ (2)

ポケットティッシュ

タバコ

傘

切符

カメラ

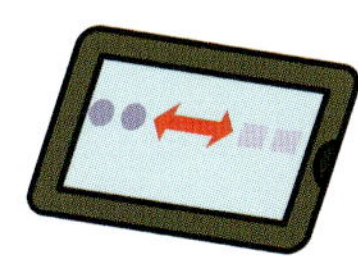
定期券

携帯電話

iPhone (1)

iPhone (2)

iPhone (3)

iPad

iPad Air

iPad (裏面)

鞄

リュックサック

ボストンバッグ

ランドセル (黒)

ランドセル (赤)

お金

1円硬貨

5円硬貨

10 円硬貨

50 円硬貨

100 円硬貨

500 円硬貨

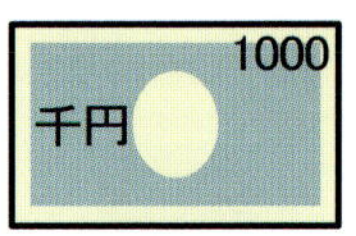

1,000 円紙幣

2,000 円紙幣

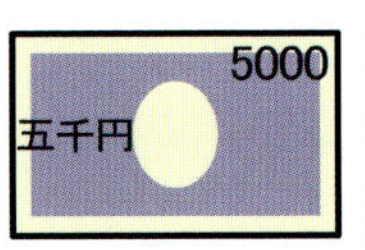

5,000 円紙幣

10,000 円紙幣

カード・通帳

おこづかい

スーツケース

巾着

ポーチ

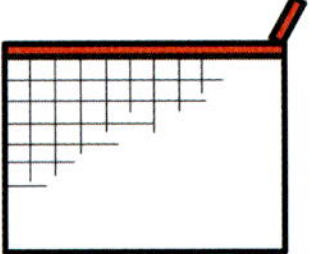
おたよりケース

コミュニケーションブック

手順カード

連絡帳

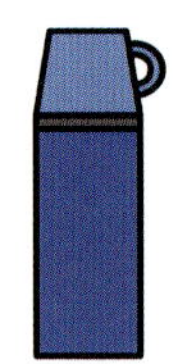
水筒

旅のしおり

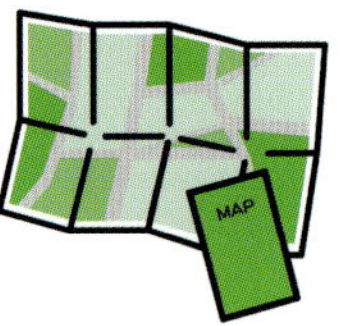

地図

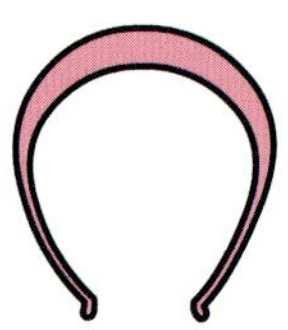
カチューシャ

リボン

杖

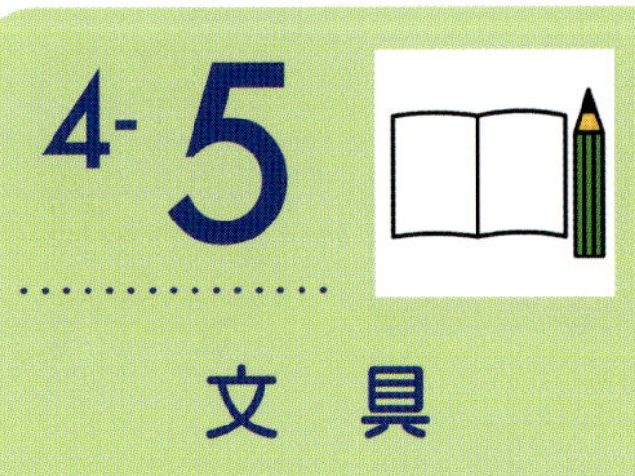

4-5 文具

本

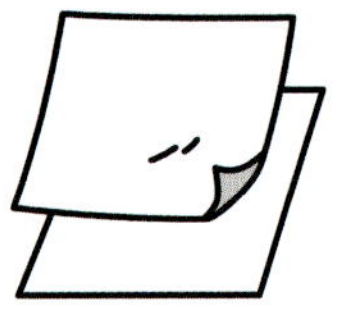
紙

ノート（1）

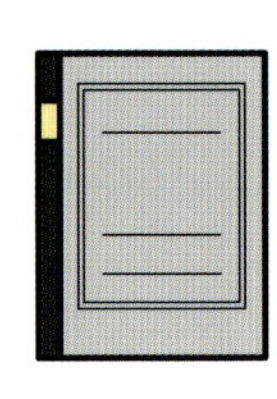
ノート（2）

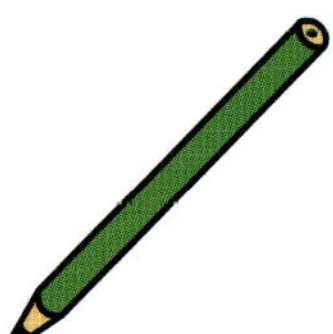
鉛筆

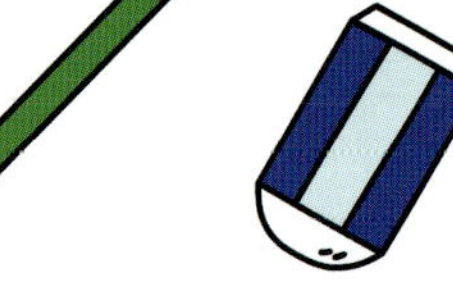
消しゴム

ボールペン

フェルトペン

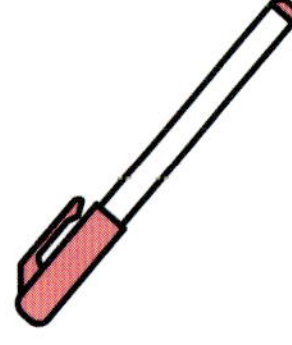
マーカーペン

クレヨン

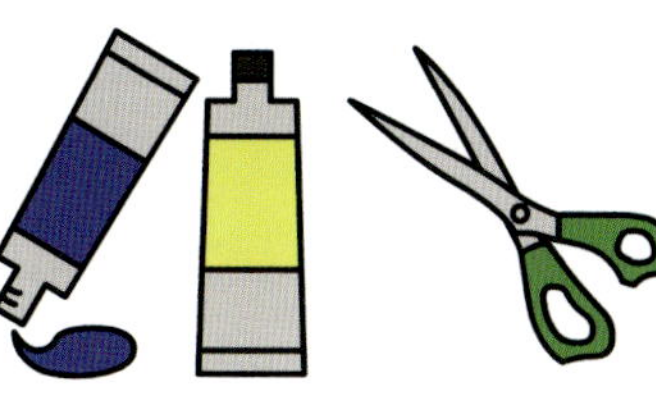
絵の具

ハサミ

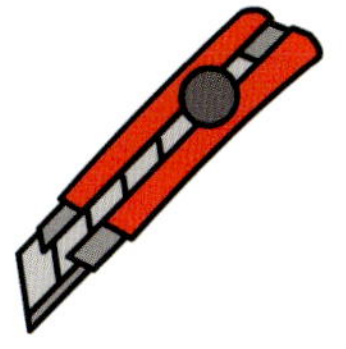
カッターナイフ

カッター

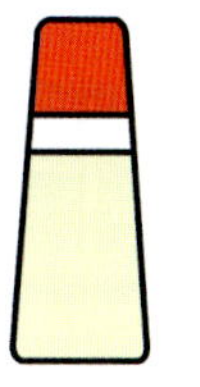
のり

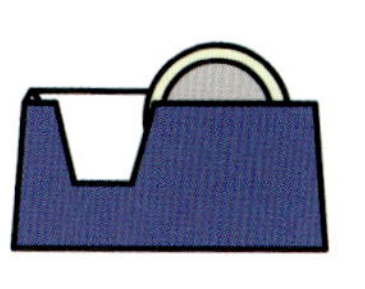
セロハンテープ

画びょう

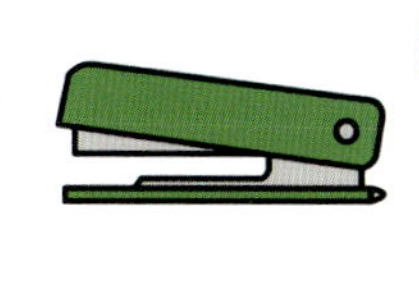
ホッチキス

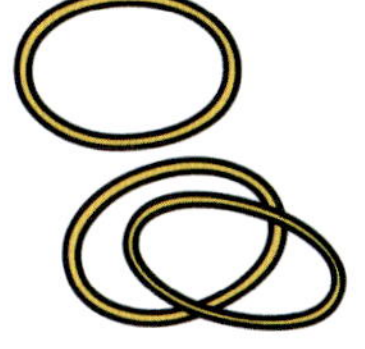
輪ゴム

筆箱

ハガキ

便せん

切手

封筒

色画用紙

赤鉛筆

色鉛筆

色鉛筆
（12 色入り）

クーピー
ペンシル

筆
（習字用）

筆
（絵画用）

チューブのり

工作のり

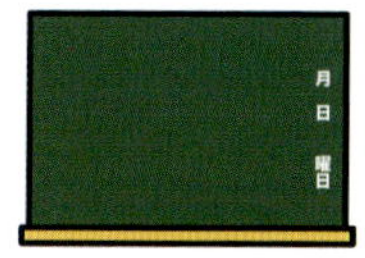

黒板

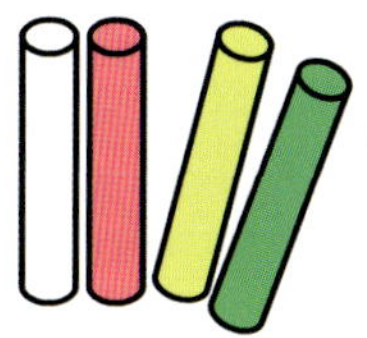

チョーク

黒板消し

黒板消し
クリーナー

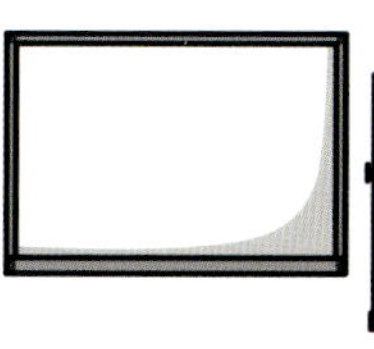
ホワイトボード
（壁掛け式）

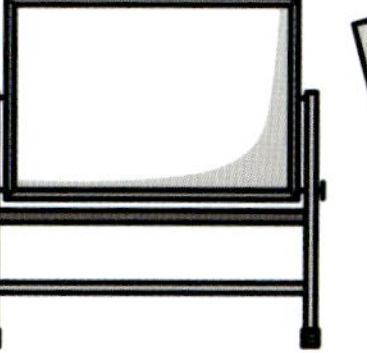
ホワイトボード
（移動式）

ホワイトボード
マーカー

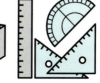

付せん

下敷き

クリアファイル

ファイリング

定規

道具箱

印鑑　マンガ

4-6 玩具・スポーツ用品・楽器

玩具（1）

玩具（2）

ニンテンドーDS

サッカーボール

バスケットボール（ボール）

バレーボール（ボール）

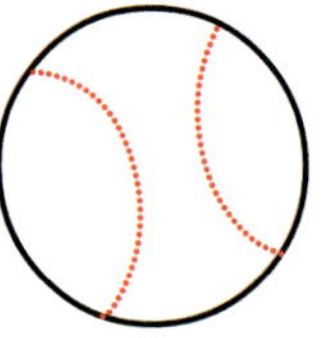

野球ボール

バット

グローブ

トランプ

積み木

太鼓

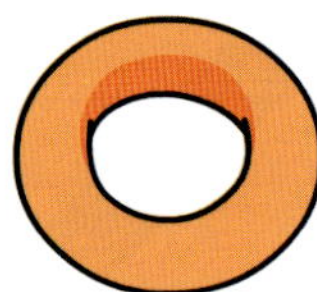

浮き輪

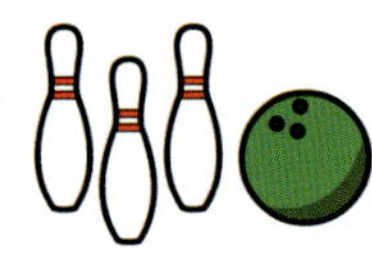

ボウリング

ボウリングのボール

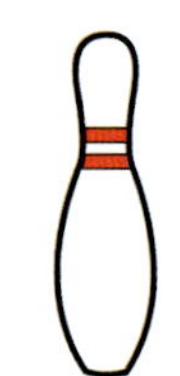

ボウリングのピン

フラフープ

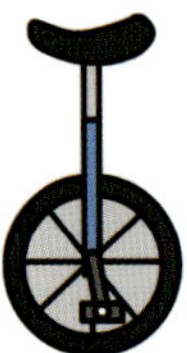

一輪車

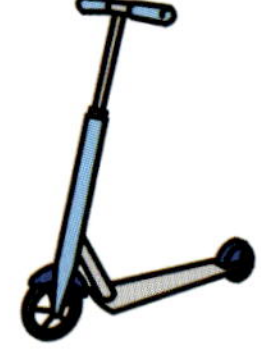

キックスケーター

パズル

ジグソーパズル

糸電話

ビンゴ

かるた

すごろく

絵本

仕掛け絵本

ぬり絵

カスタネット

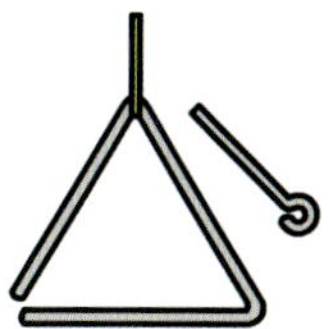
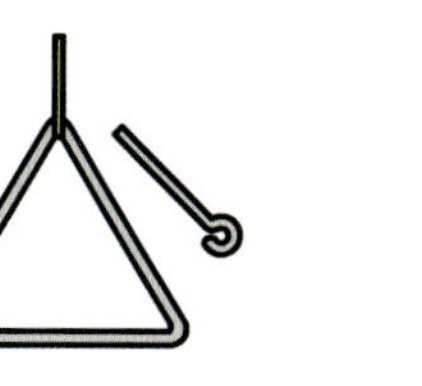
トライアングル

リコーダー

ギター

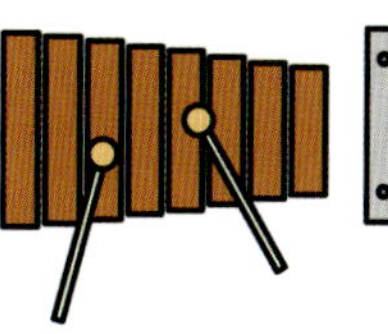
木琴

鉄琴

ハンドベル（1）

ハンドベル（2）

キーボード

シンセサイザー

鍵盤ハーモニカ

鍵盤ハーモニカ（チューブ）

ピコピコハンマー

体育マット

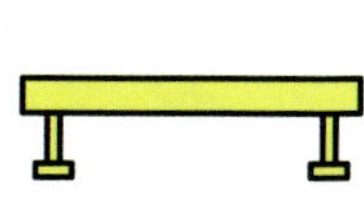
平均台

カラーコーン（1）

カラーコーン（2）

タイヤ（遊具）

トランポリン（器具）

エアトランポリン（器具）

跳び箱

スペースリング

オーシャンスイング

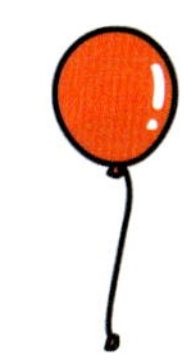
風船

ヨーヨー風船

ぬいぐるみ

お人形

だるま

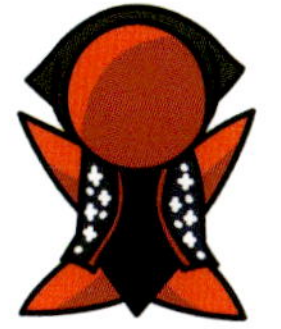
さるぼぼ

赤べこ

ミニカー

4-7 食器・調理用品

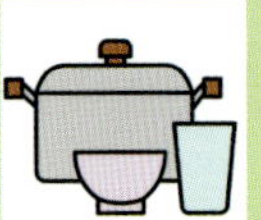

コップ

カップ

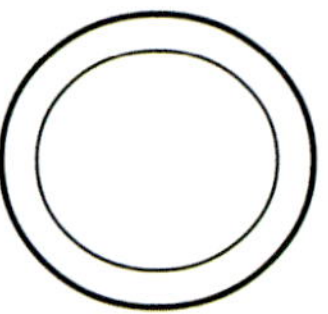
皿

茶碗

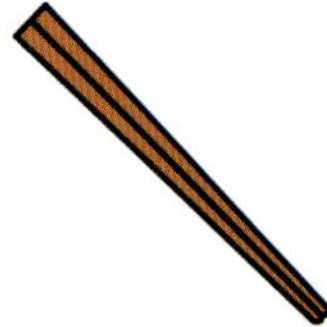
箸

スプーン

フォーク

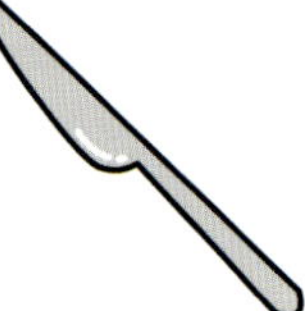
ナイフ

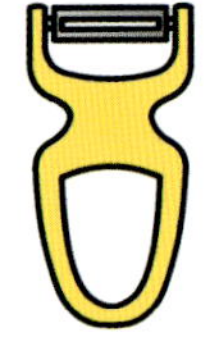
ピーラー

包丁

まな板

ざる

ボウル

泡立て器

玉しゃくし

鍋

フライパン

やかん

ポット

計量カップ（1）

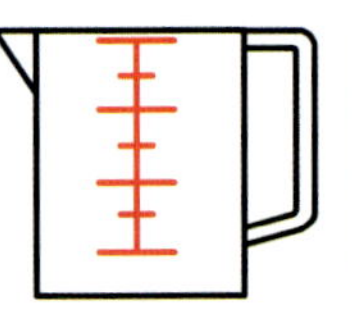
計量カップ（2）

粉ふるい

ハンドミキサー

ゴムべら

めん棒（1）

めん棒（2）

クッキーの抜型

フライ返し

臼と杵

ミキサー

食品用ラップ

はかり

ガス台

食器洗い洗剤

スポンジ　メニュー

4-8 身じたく用品・健康用品

石鹸

歯磨き粉

歯ブラシ

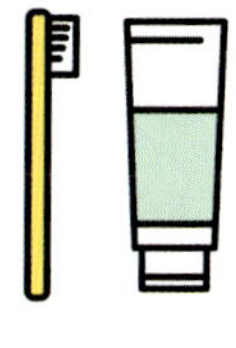

歯ブラシと歯磨き粉

歯磨き用コップ

歯ブラシとコップ（1）

歯ブラシとコップ（2）

タオル

髭剃り

鏡（1）

鏡（2）

ティッシュペーパー

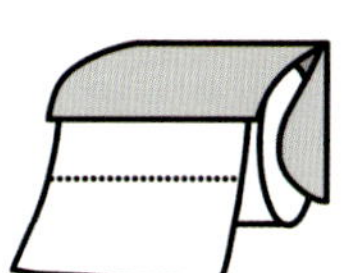

トイレットペーパー

くし

ブラシ

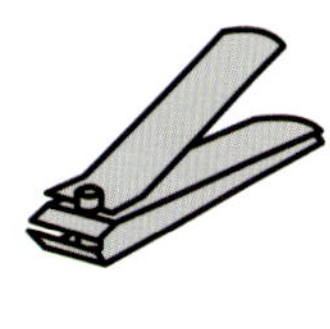

爪切り

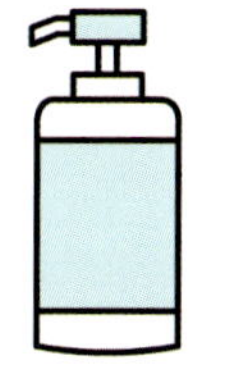

シャンプー

リンス

シャンプーとトリートメント

ボディーソープ

洗面器

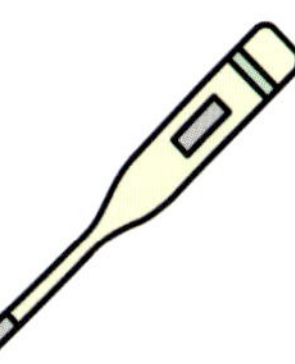

体温計

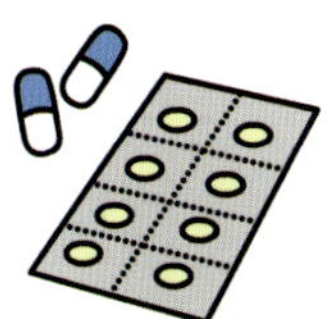

薬

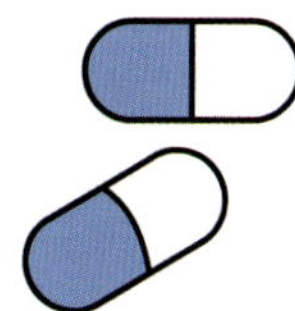

カプセル薬

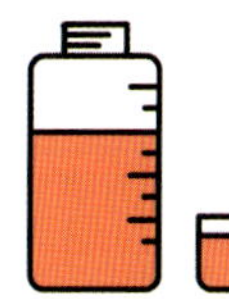

シロップ薬

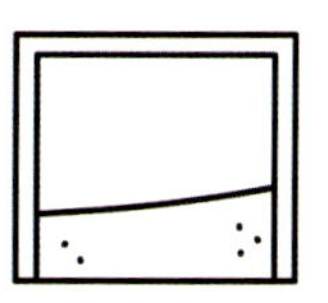

粉薬

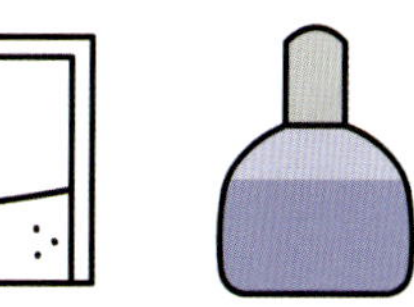

目薬（1）

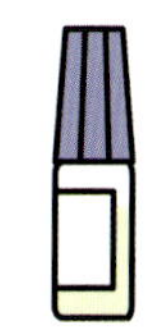

目薬（2）

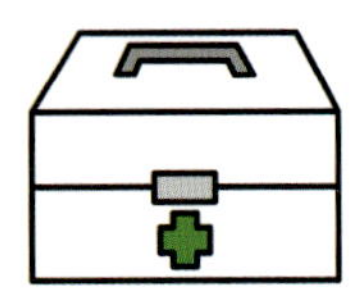

救急箱

包帯

絆創膏

紙オムツ

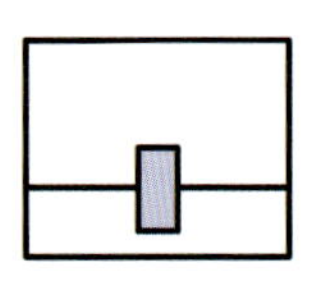

生理用ナプキン（1）

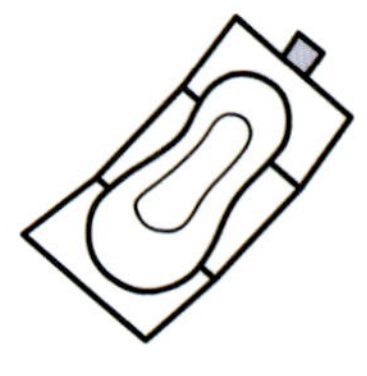

生理用ナプキン（2）

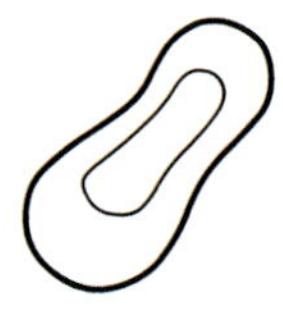

生理用ナプキン（3）

生理用品
（ナプキンとポーチ）

4-9 清掃用品・工具・園芸用品

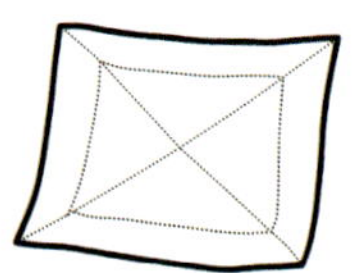

雑巾

スプレーボトル

バケツ

はたき

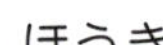

ほうき

ちりとり

文化ちりとり

モップ（1）

モップ（2）

自在箒

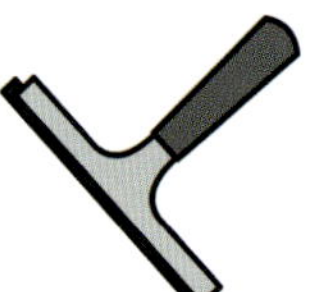

スクイージー

清掃表示板

針

糸

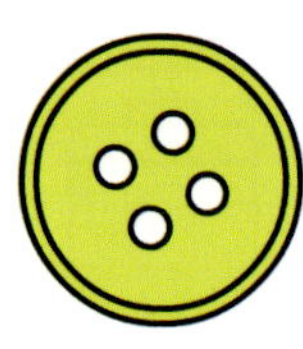

ボタン

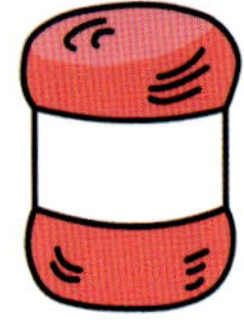

毛糸

ひも・ロープ

のこぎり

金槌

釘

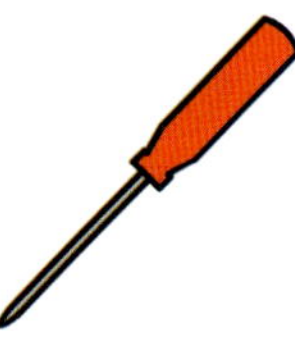

ドライバー

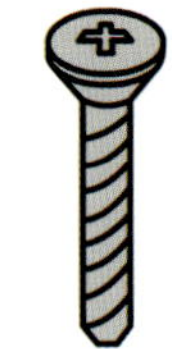

ねじ

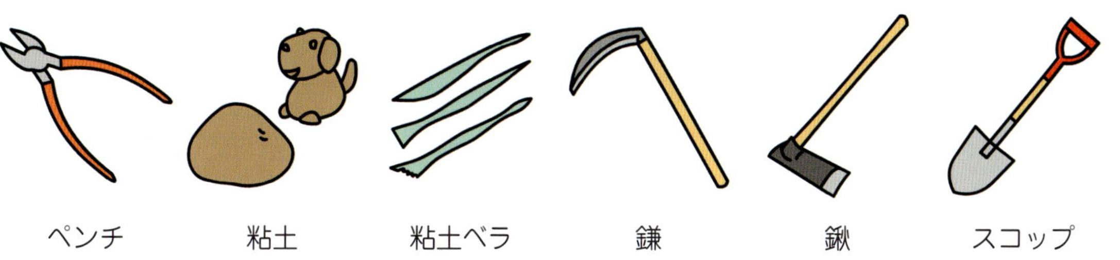

ペンチ　粘土　粘土ベラ　鎌　鍬　スコップ

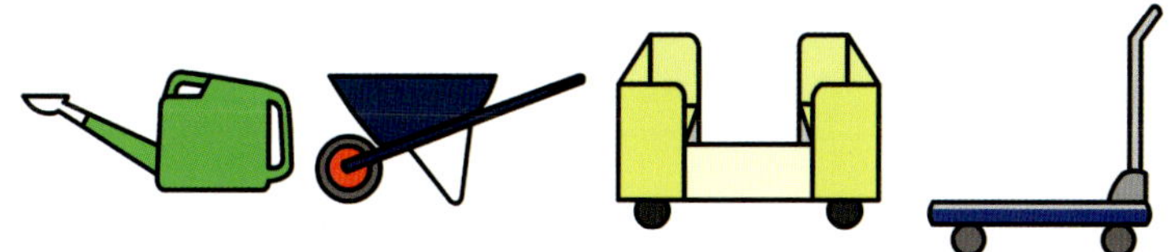

じょうろ　手押し一輪車　台車（1）　台車（2）

4-10 その他

時計　カレンダー　タイムタイマー　火

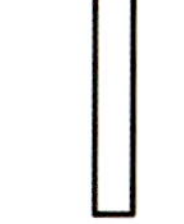

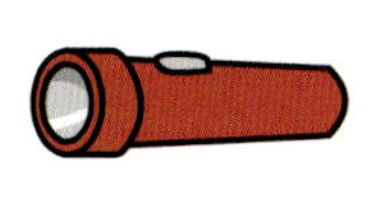
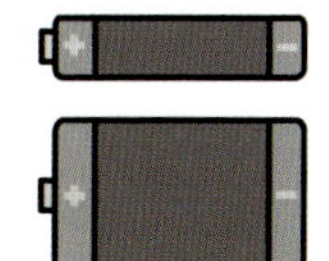
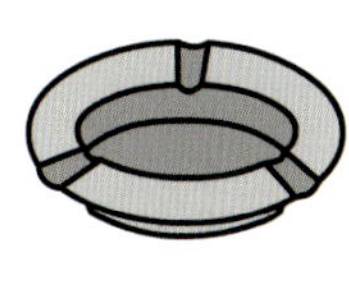

煙　ろうそく　提灯　懐中電灯　乾電池　灰皿

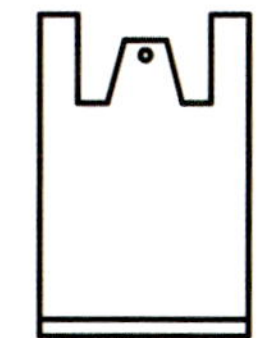

うちわ　かご　ビニール袋　脚立　灯油　スイッチ

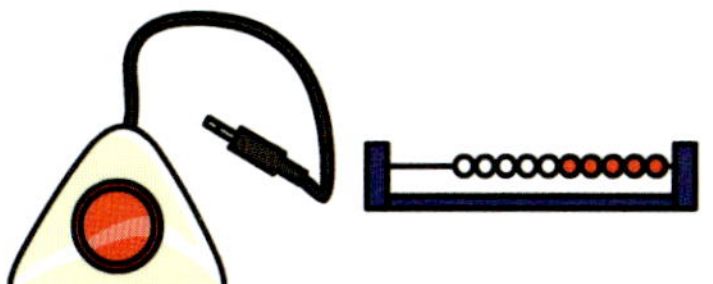
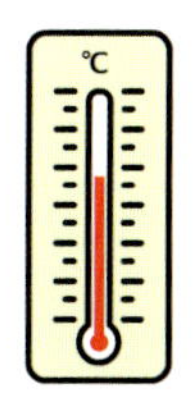

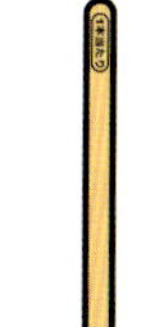

おにぎりスイッチ　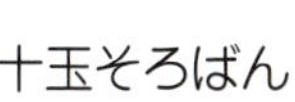十玉そろばん　温度計　段ボール箱　段ボール箱（開いたふた）　あたり棒

ガラス

貯金箱

生活

住所

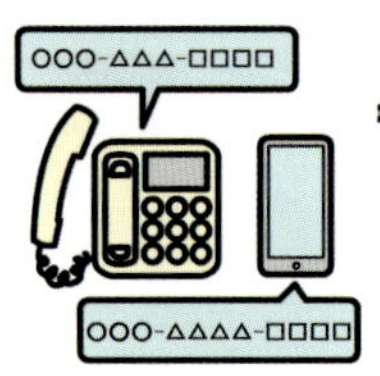

電話番号

視線入力

5 家の外

5-1 乗り物

車いす

自転車

サイクリング
自転車

三輪車

バイク

車

バス

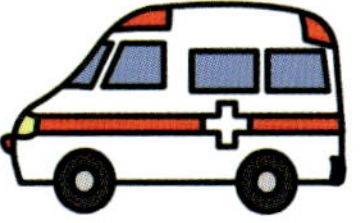
救急車

消防車

パトカー

トラック

タクシー

福祉車両

スクールバス

観光バス

電車

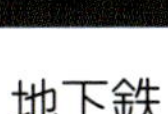
地下鉄

新幹線

飛行機

ヘリコプター

気球

船

手漕ぎボート

足漕ぎボート

5-2 交通関連

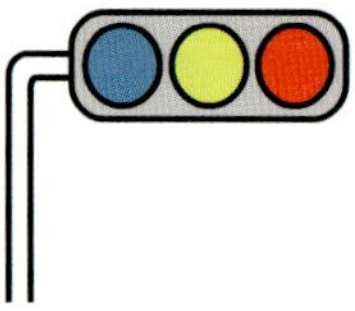

信号機  | 歩行者用信号機 | 歩行者用信号機（赤） | 歩行者用信号機（青）

バス停  | 横断歩道 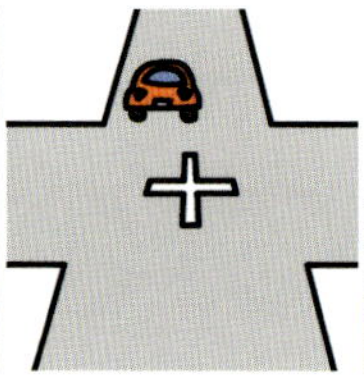 | 交差点 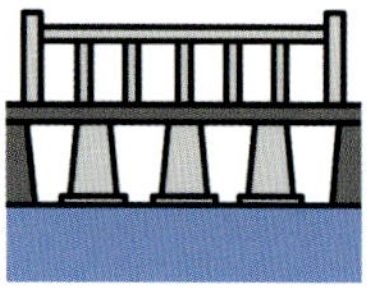 | 橋  | トンネル  | サービスエリア

渋滞  | 事故  | 駅  | プラットホーム  | 改札 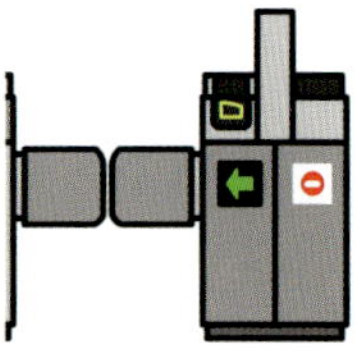 | 自動改札

踏切  | 電車の遅延

5-3 街・施設

街  | 店  | パン屋  | 洋服屋

靴屋  | クリーニング屋  | 玩具屋  | レストラン  | 喫茶店 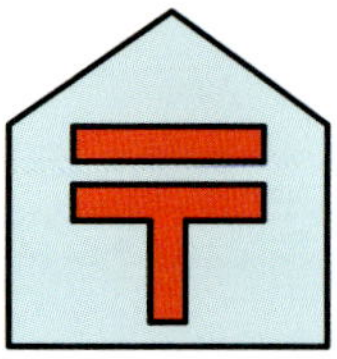 | 郵便局

銀行

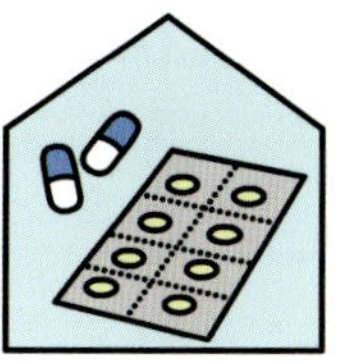
薬局

床屋（1）

床屋（2）

本屋

映画館

託児所

タイムケア

スーパー

デパート

ガソリンスタンド（1）

ガソリンスタンド（2）

駐車場

道の駅

幼稚園・保育園

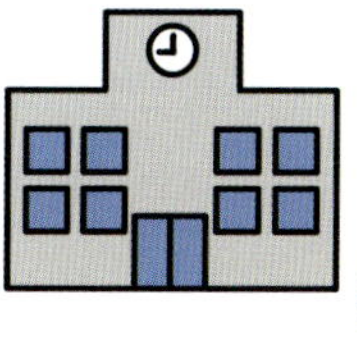
学校

小学校

中学・高校

大学

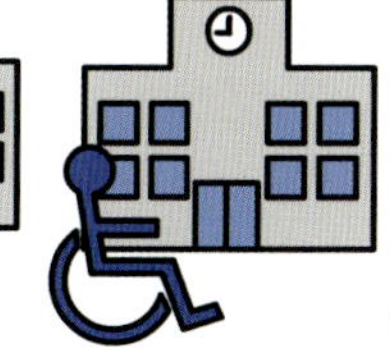
特別支援学校

習い事・塾

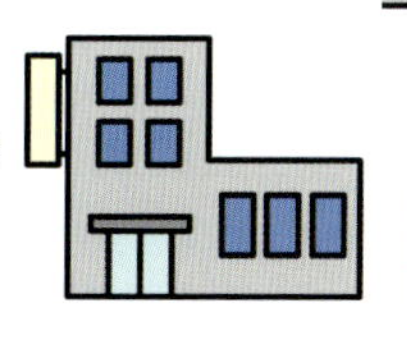
会社

工場

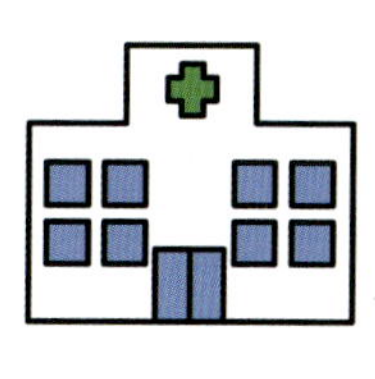
病院

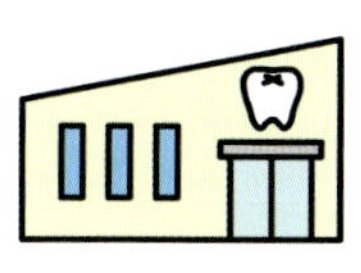
歯科医院

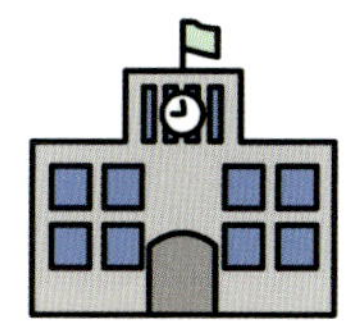
役所・市役所

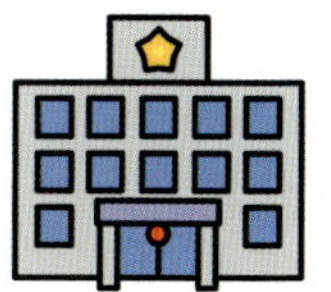
警察署

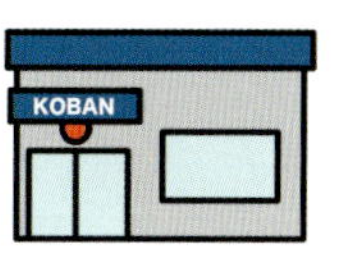

交番

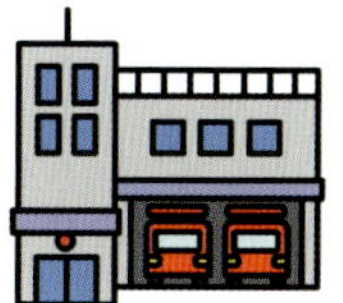
消防署

コンビニ

公園

遊園地

動物園

水族館

図書館

寺

神社 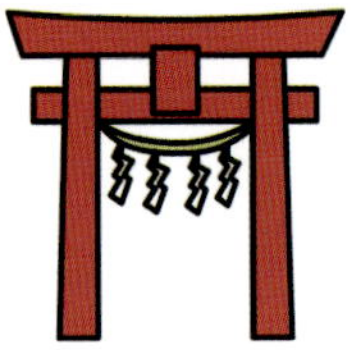 鳥居  教会  空港  東京スカイツリー 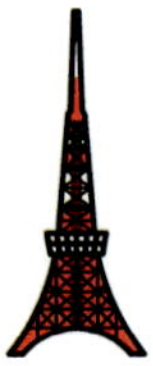 東京タワー

国会議事堂  浅草雷門  兼六園  金沢駅（鼓門） 善光寺  合掌造りの家

浜名湖  名古屋城  夫婦岩  京都タワー 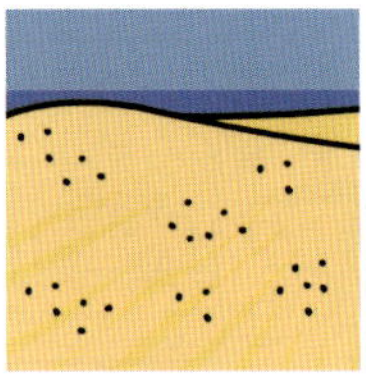 鳥取砂丘  鳥取大山

九州国立博物館  吉野ケ里遺跡  端島  首里城

5-4 設備

道路・街路  エレベーター  エスカレーター 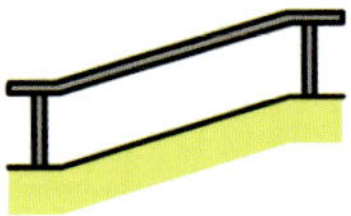 スロープ

ブランコ  滑り台 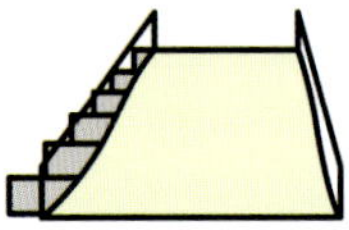 大型滑り台  シーソー  鉄棒  ベンチ

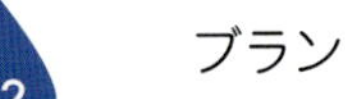

砂場

トイレのマーク

風呂
（男子）

風呂
（女子）

温泉

温泉
（屋内）

足湯

公衆電話

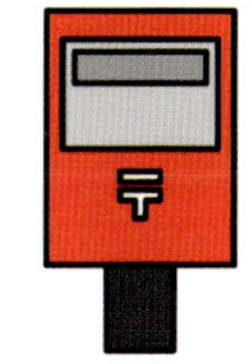
ポスト

自動販売機

買い物カート

レジ
（会計）

墓

地蔵

シーサー
（阿）

シーサー
（吽）

シーサー
（対）

5-5 地形

海

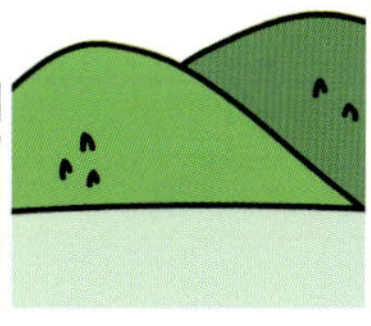
山

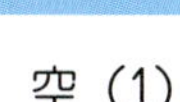
空（1）

空（2）

川

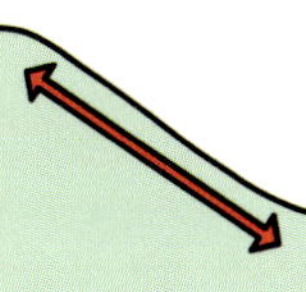
坂

森

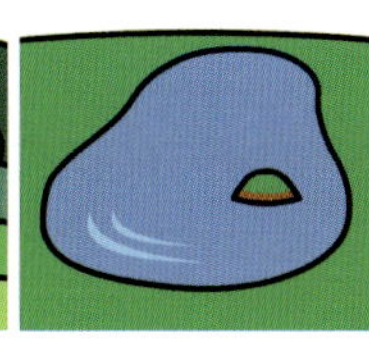
池・湖

滝

谷

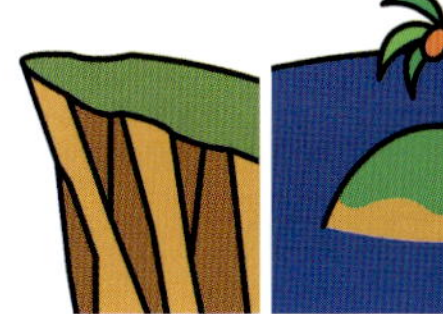
崖

島

陸

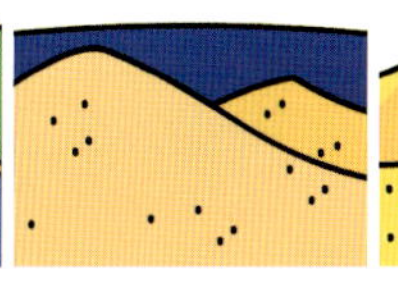
砂丘

砂漠

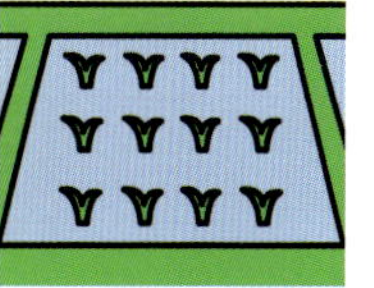
田んぼ

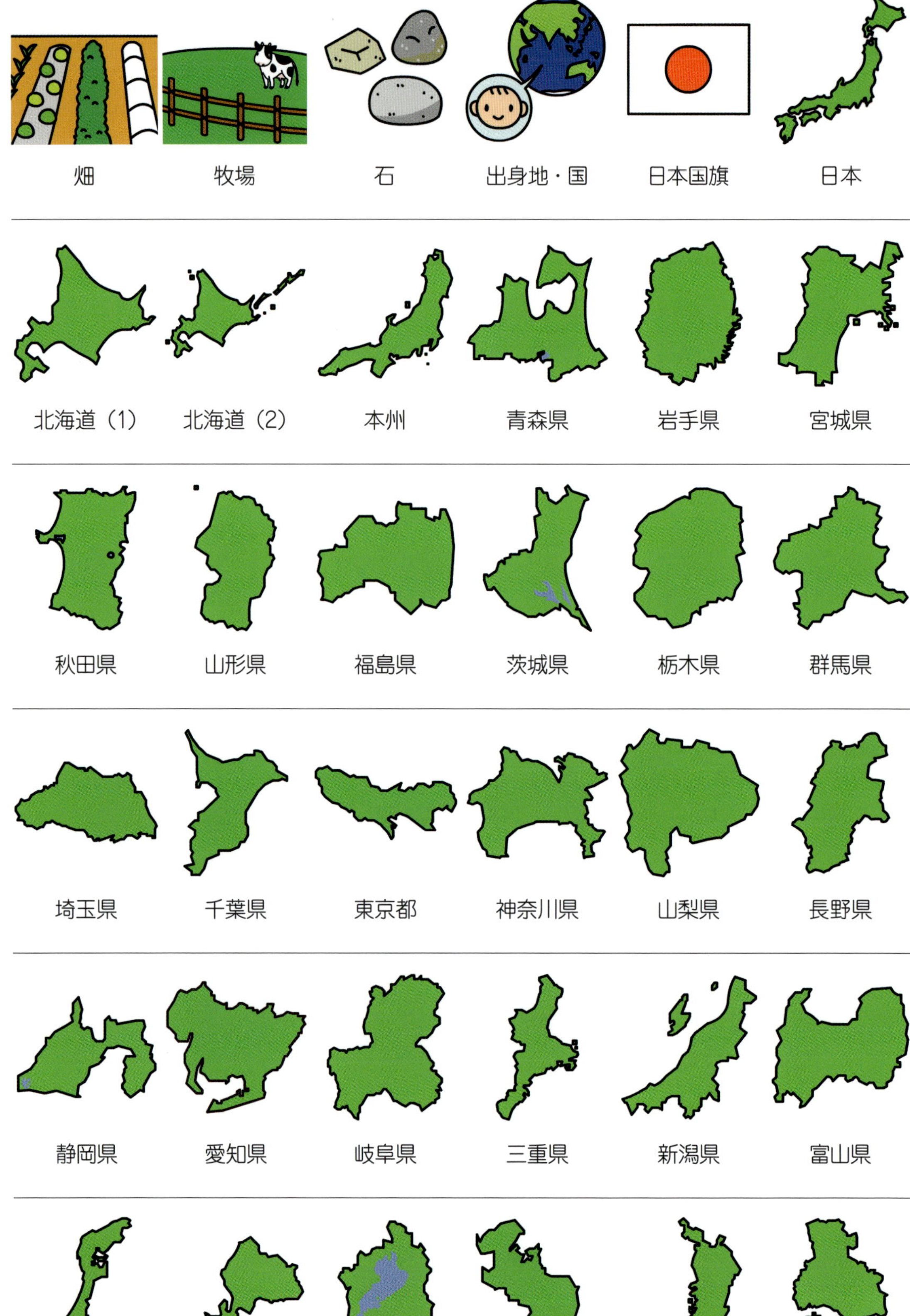
畑
牧場
石
出身地・国
日本国旗
日本
北海道（1）
北海道（2）
本州
青森県
岩手県
宮城県
秋田県
山形県
福島県
茨城県
栃木県
群馬県
埼玉県
千葉県
東京都
神奈川県
山梨県
長野県
静岡県
愛知県
岐阜県
三重県
新潟県
富山県
石川県
福井県
滋賀県
京都府
大阪府
兵庫県

奈良県　和歌山県　鳥取県　島根県　岡山県　広島県

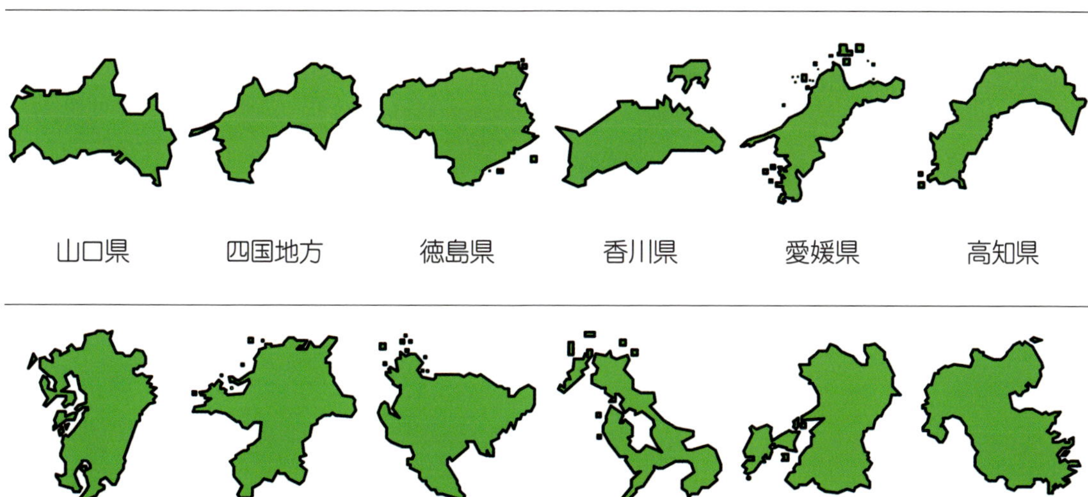

山口県　四国地方　徳島県　香川県　愛媛県　高知県

九州地方　福岡県　佐賀県　長崎県　熊本県　大分県

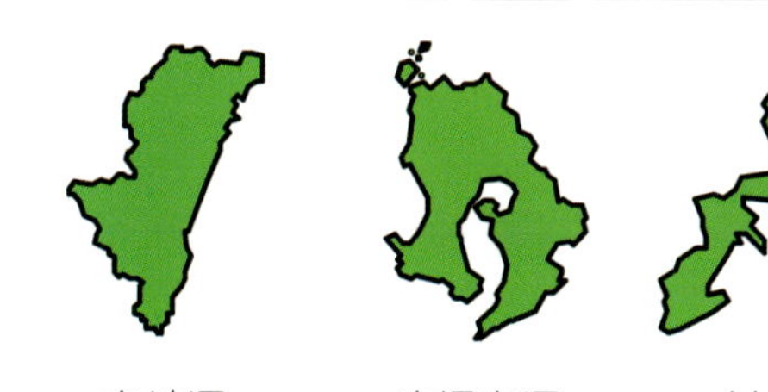

宮崎県　鹿児島県

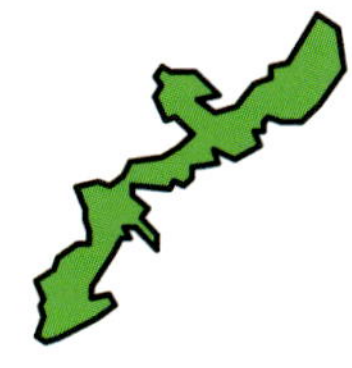

沖縄県

地球

月（1）

月（2）

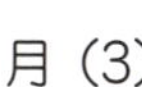

月（3）

星（1）

星（2）

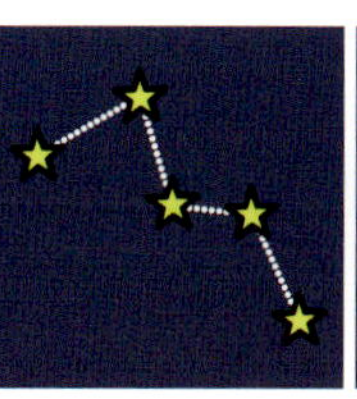

星座
（カシオペア座）

流星

5-6 天候

天気

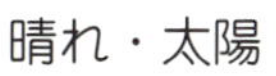

晴れ・太陽

雨

雪

雲（1）　雲（2）　曇り　風　そよ風　霧

虹　夕焼け　台風　地震　雷　火事

6 文化・社会

6-1 日時と年中行事

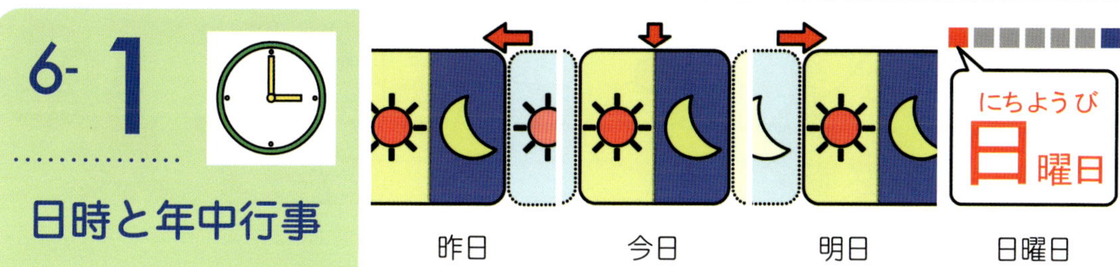

昨日　今日　明日　日曜日

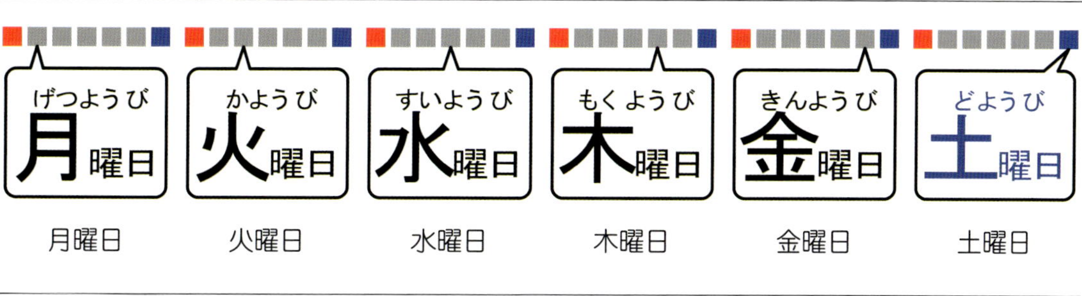

月曜日　火曜日　水曜日　木曜日　金曜日　土曜日

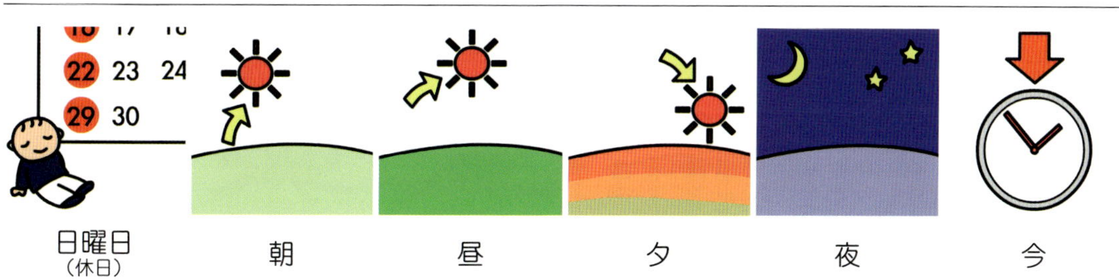

日曜日（休日）　朝　昼　夕　夜　今

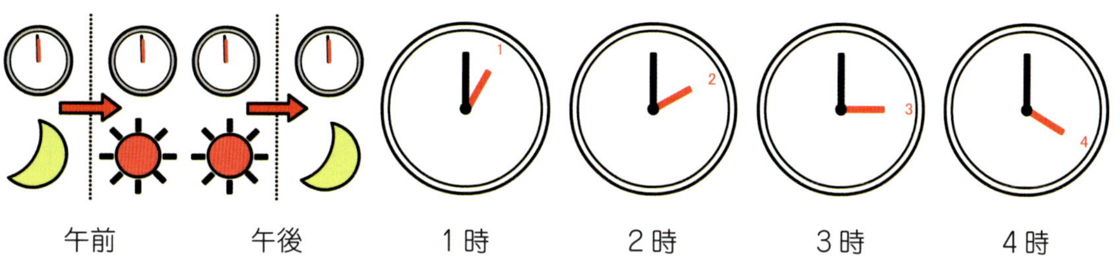
午前　午後　1時　2時　3時　4時

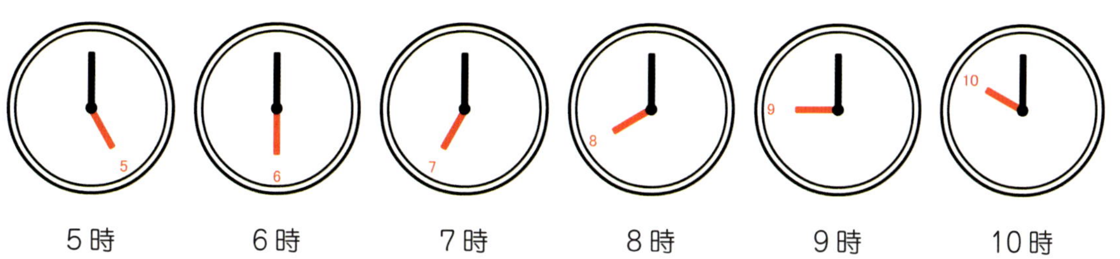
5時　6時　7時　8時　9時　10時

11時　12時

季節（四季）

春

夏　秋

冬

正月

鏡餅

お年玉

書き初め

どんど焼き

節分

豆まき

バレンタインデー

ホワイトデー

おひな様

菱餅

墓参り

花見

鯉のぼり

母の日

父の日

七夕

ハロウィン

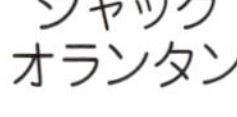

ジャックオランタン

クリスマス

クリスマスツリー

イベント

誕生日

6-2 スポーツ・遊び

野球　サッカー

ゲートボール

テニス

ゴルフ

バスケット
ボール

ボウリング

チャッチボール

ドッヂボール

バレーボール

水泳（1）

水泳（2）

マラソン（1）

マラソン（2）

散歩

腕相撲

プランク

背筋
トレーニング

二人トレーニング
（1）

二人トレーニング
（2）

ヨガのポーズ

跳び箱を跳ぶ
（1）

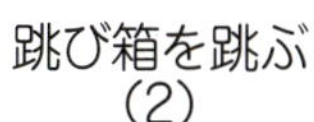
跳び箱を跳ぶ
（2）

フラフープを
回す

マット運動

平均台を渡る

セラピーボール

トランポリン

トランポリン
（小）

エアトランポリン

自転車に乗る
（1）

自転車に乗る
（2）

自転車に乗ってスマホを
使うのはやめよう

自転車に乗ってヘッドフォン
を使うのはやめよう

自転車に乗って傘を
さすのはやめよう

自転車を押す

一輪車に乗る
（1）

一輪車に乗る
（2）

馬に乗る

竹馬
（足に乗る）

鬼ごっこ

かくれんぼ

縄跳び

ジャングルジム

パラシュートバルーン

鉄棒遊び

コーンの間を走る

フラフープ跳び

のぼり棒

ゴム跳び

タイヤ跳び（1）

タイヤ跳び（2）

ブランコを押す

ブランコを押す（強く）

オーシャンスイングに乗る

お尻相撲

砂場で遊ぶ

粘土工作

カードゲームをする

外で弁当を食べる

登山

キャンプ（1）

キャンプ（2）

キャンプファイヤー

たき火

焼きいも

マシュマロ焼き

釣り（1）

釣り（2）

スイカ割り

餅つき（1）

餅つき（2）

雪だるま

雪合戦

そり

スケート

スキー

スノーボード

じゃんけん

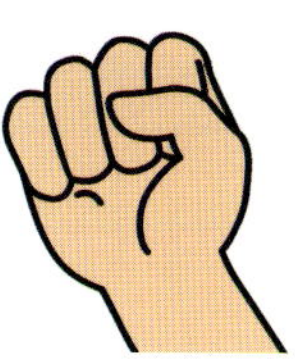
グー
（じゃんけん）

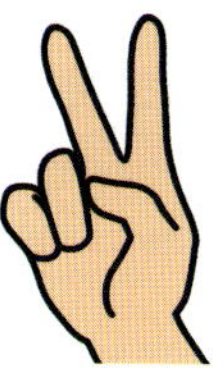
チョキ
（じゃんけん）

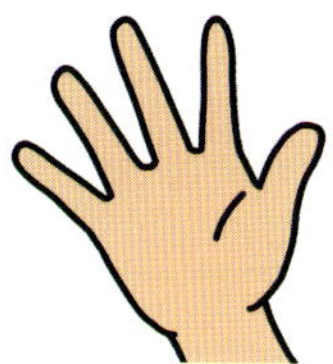
パー
（じゃんけん）

全身じゃんけん
（グー）

全身じゃんけん
（チョキ）

全身じゃんけん
（パー）

にらめっこ

シャボン玉

音楽

カラオケ（1）

カラオケ（2）

太鼓をたたく

エイサー

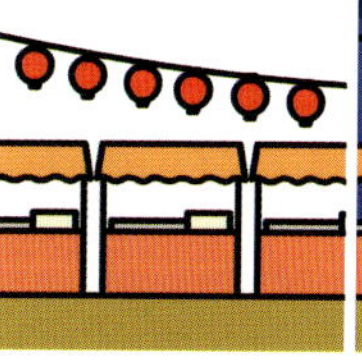
お祭り
（昼）

お祭り
（夜）

やぐら
（昼）

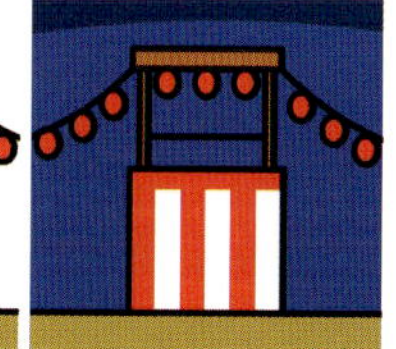
やぐら
（夜）

露店（1）

露店（2）

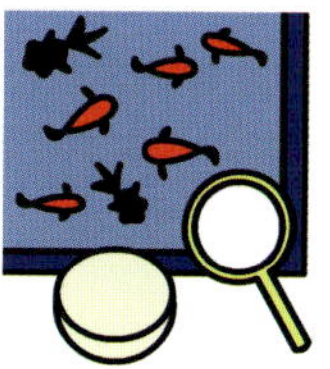
金魚すくい

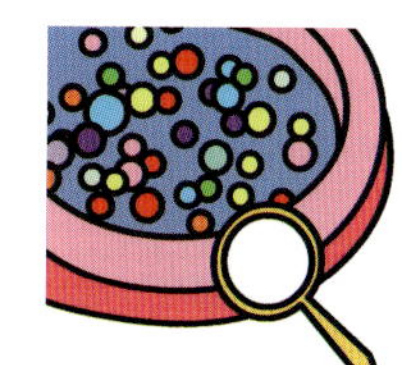
スーパーボール
すくい

花火

バザー

バザー品

いも掘り

旅

趣味

乾杯

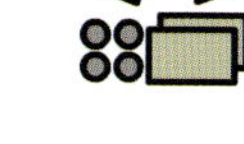
割り勘

締め

二次会

読み聞かせ

6-3 学校の施設と道具

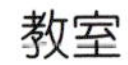

教室　学校の机　机といす　図書室

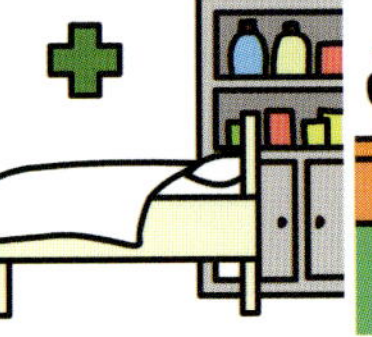

図書袋　体育館　ステージ　保健室　校長室（男性・髭あり）　校長室（男性・髭なし）

校長室（女性）　職員室　事務室　会議室　印刷室　ランチルーム

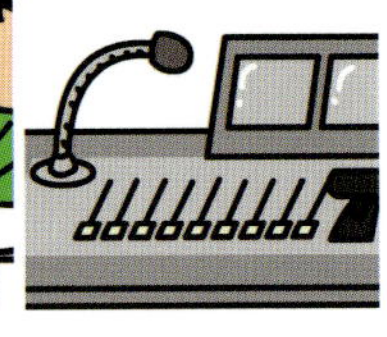

プレイルーム　機能訓練室　音楽室　相談室　放送室　視聴覚室

昇降口　下駄箱（1）　下駄箱（2）　ロッカー　流し　職員用トイレ（男性）

職員用トイレ（女性）　児童用トイレ（男子）　児童用トイレ（女子）　車いす用トイレ　職員用更衣室（男性）　職員用更衣室（女性）

児童用更衣室（男子）

児童用更衣室（女子）

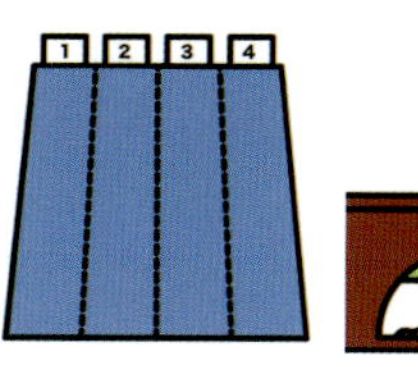

校庭

プール

寄宿舎

予定表

教科書

紅白帽子

給食着

給食帽子

食缶（1）（ふたあり）

食缶（1）（ふたなし）

食缶（2）（ふたあり）

食缶（2）（ふたなし）

食缶（3）（ふたあり）

食缶（3）（ふたなし）

パン箱

ご飯箱

食器かご

給食用トレー

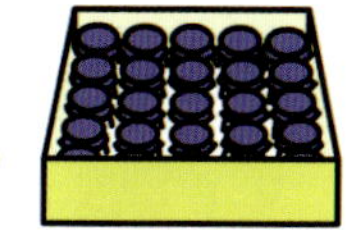

牛乳ケース

6-4 学校の授業

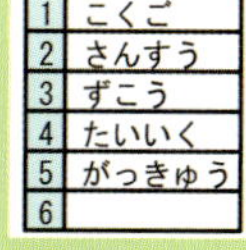

授業

国語

習字

算数

理科

社会

体育

準備体操

準備体操（半袖半ズボン）

図工（美術）

音楽
（科目）

合唱

合奏

家庭科

英語

作業学習

木工

陶芸

手工芸（1）

手工芸（2）

籐手芸

被服

農耕

クリーニング

朝の会

帰りの会

先生の話

健康観察

休み時間（1）

休み時間（2）

給食

お茶の時間

個別学習

宿題プリント

6-5 学校の行事

校外学習

遠足

授業参観

家庭訪問

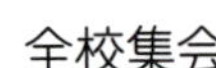

全校集会

避難訓練

火災避難訓練

交通安全教室

文化祭

学習発表会

音楽鑑賞　夏休み　冬休み　春休み　入学式　卒業式

離任式　始業式　終業式　運動会　運動会入場門　等旗（三角）

等旗（四角）　かけっこ　玉入れ　綱引き　組体操　大玉おくり

リレー　ゴール　旗拾い　旗拾い（旗を拾う）　旗拾い（旗を持って走る）　旗拾い（ゴールする）

騎馬戦（1騎）　騎馬戦（対戦）　応援合戦（1）　応援合戦（2）　はじめの言葉　終わりの言葉

国歌斉唱　卒業証書授与　学校長式辞（男性・髭あり）　学校長式辞（男性・髭なし）　学校長式辞（女性）　PTA 会長の言葉（男性）

PTA 会長の言葉
（女性）

送辞

答辞

保護者代表挨拶
（男性）

保護者代表挨拶
（女性）

来賓祝辞
祝電披露

記念撮影

記念撮影
（集団）

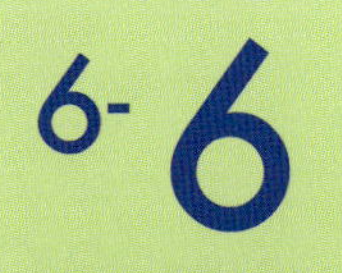

6-6 健康診断・保健

身長測定

身長測定
（運動着）

座高測定

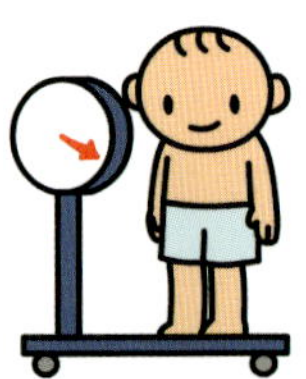

体重測定
（男子）

体重測定
（運動着・男子）

体重測定
（女子）

腹囲を測る

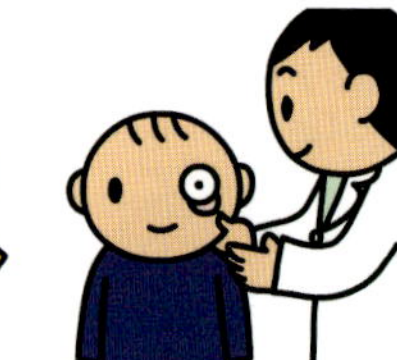

眼科検診

歯科検診

耳鼻科検診
（右耳）

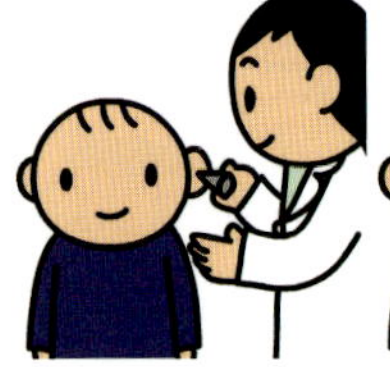

耳鼻科検診
（左耳）

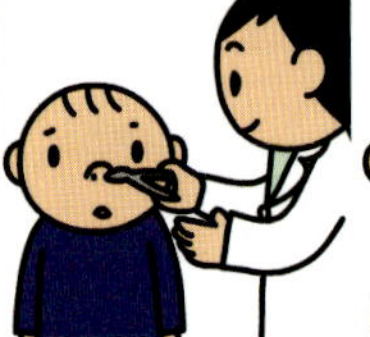

耳鼻科検診
（鼻）

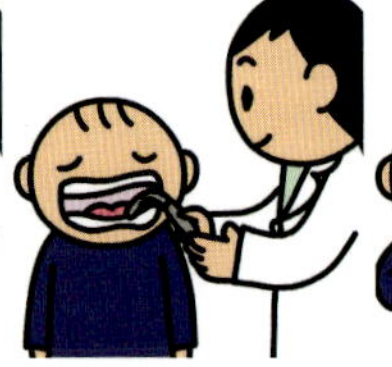

耳鼻科検診
（口）

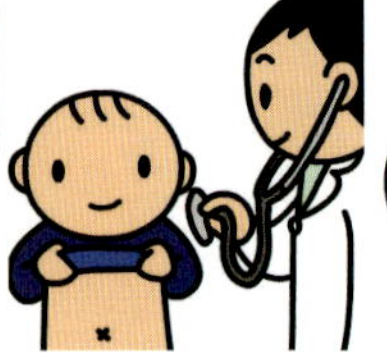

内科検診

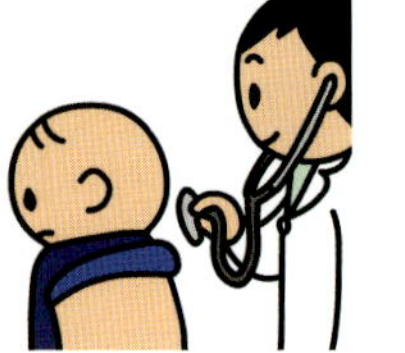

背中を見せる

レントゲン検査

レントゲン車
に乗る

レントゲン車
から降りる

検温

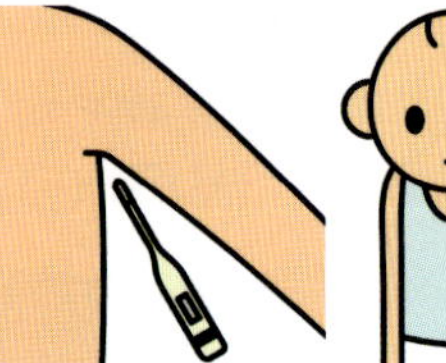

体温計を入れる

検温
（表示部分を向ける）

検温
（脇の下にはさむ）

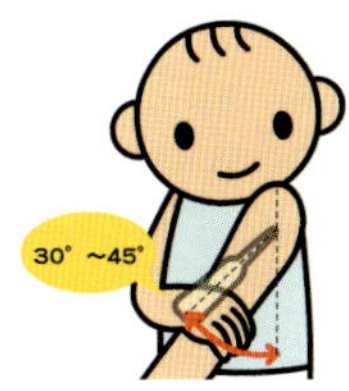

検温
（腕を軽く抑える）

非接触体温計

非接触型体温測定
（測定する）

非接触型体温測定
（見せる）

視力検査
（右目）

視力検査
（左目）

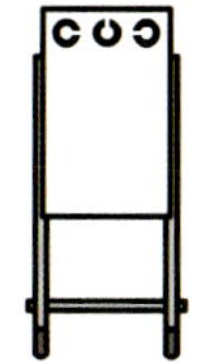
視力検査表

ランドルト環
指差し（上）

ランドルト環
指差し（下）

ランドルト環
指差し（左）

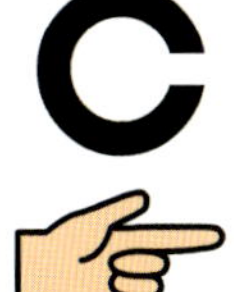
ランドルト環
指差し（右）

聴力検査
（右耳・音あり）

聴力検査
（左耳・音あり）

聴力検査
（右耳・音なし）

聴力検査
（左耳・音なし）

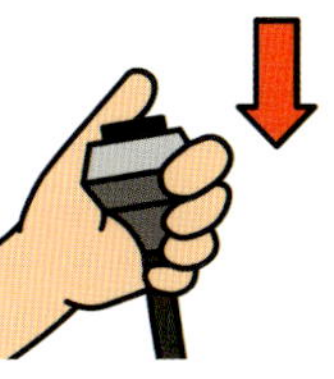
聴力検査
（ボタンを押す）

聴力検査
（両耳ヘッドホン）

聴力検査
（両耳ヘッドホン・右音あり）

聴力検査
（両耳ヘッドホン・左音あり）

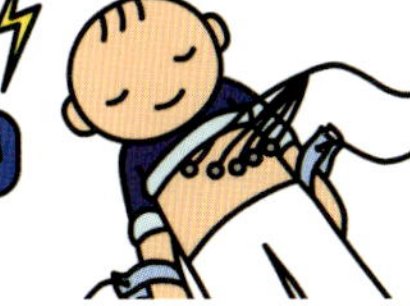
心電図検査

心電図検査
（マットに寝る）

心電図検査
（お腹を出す）

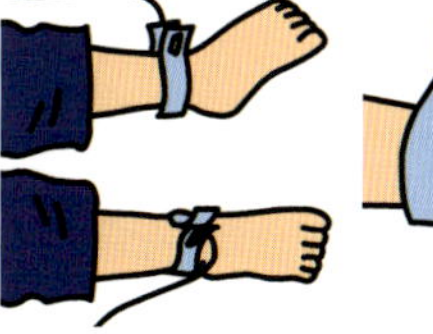
心電図検査
（足に電極）

心電図検査
（手に電極）

心電図検査
（胸に電極）

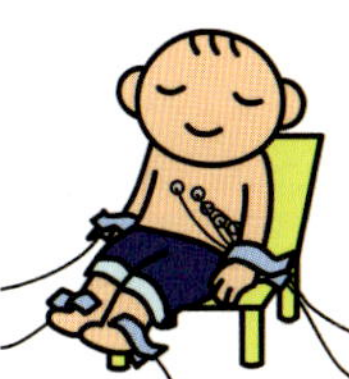
心電図検査
（座位）

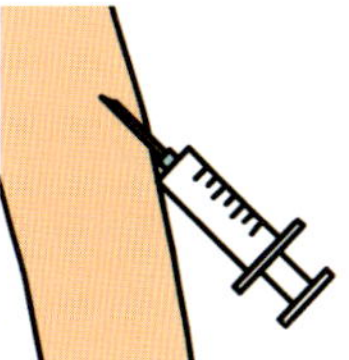
予防接種

予防接種
（腕を出す）

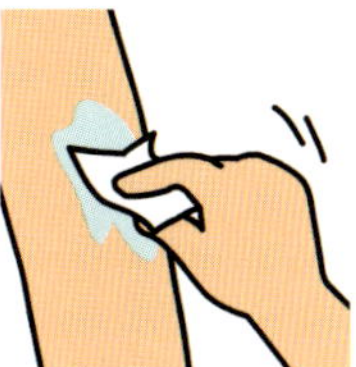
注射部位を
消毒する

予防接種
（あとを押さえる）

脱衣
（男子）

脱衣（女子・
シャツとパンツ）

脱衣（女子・
パンツのみ）

靴を履く
（男子）

靴を脱ぐ
（男子）

靴を履く
（女子）

靴を脱ぐ（女子）
服を着る 
服を脱ぐ 
脱衣かご（イラスト付き） 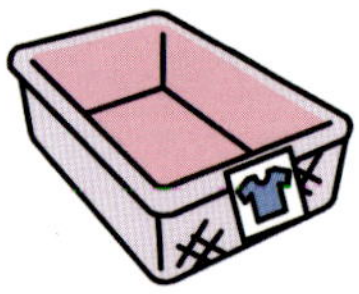
服を脱衣かごに入れる 
Tシャツを着る 

Tシャツを脱ぐ
検査着を着る（1） 
検査着を着る（2） 
検査着を脱ぐ 
右耳を見せる 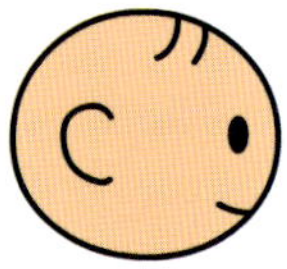
左耳を見せる 

耳鏡を入れる（右耳）
耳鏡を入れる（左耳） 
耳鏡（トレルチェ氏） 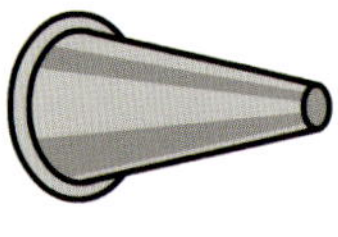
鼻を見せる 
鼻鏡を入れる（右） 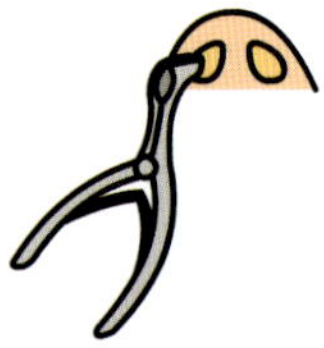
鼻鏡を入れる（左） 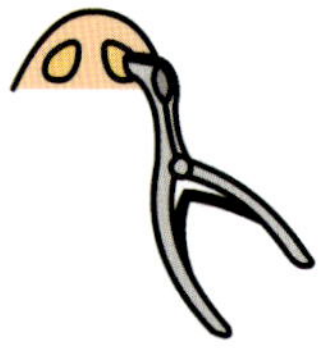

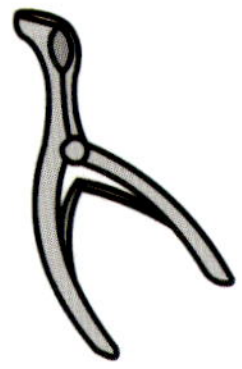

鼻鏡
口を開ける 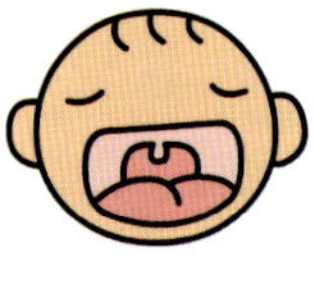
舌圧子を入れる（1） 
舌圧子を入れる（2） 
舌圧子を入れる（3） 
舌圧子 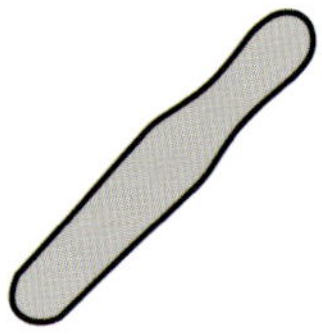

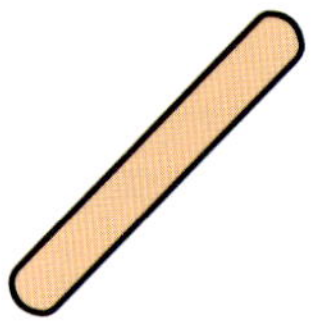

舌圧子（木製）
舌圧子（フレンケル氏） 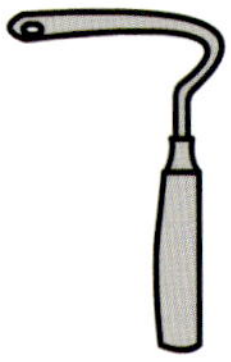
ペンライト 
診察台 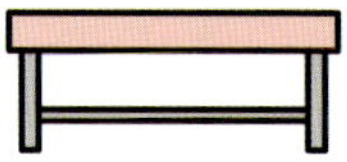
診察台に寝る 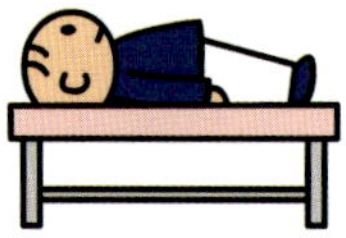
診察台から起きる 

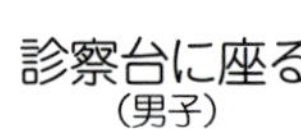
診察台に座る（男子）
診察台に座る（女子） 
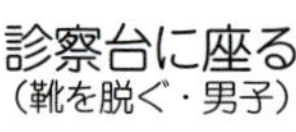
診察台に座る（靴を脱ぐ・男子）

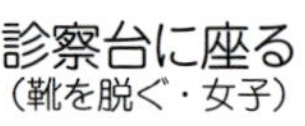
診察台に座る（靴を脱ぐ・女子）

肩枕で診察台に寝る（男子）

首を出して寝る（男子）

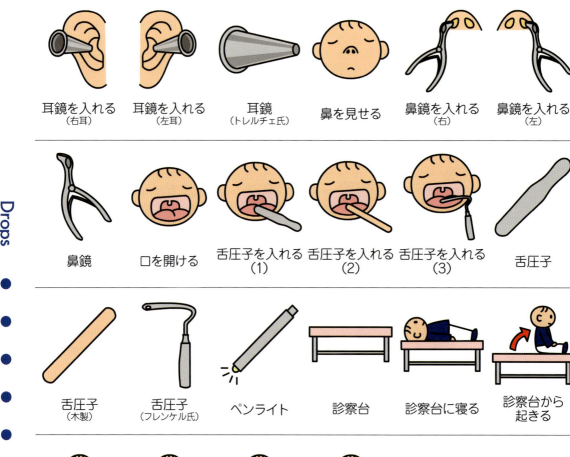

首を出す（男子）

甲状腺超音波検査 ティッシュで拭く（男子）

甲状腺超音波検査（男子）

ホールボディカウンター（座位）

ホールボディカウンター（立位）

診察用回転いす

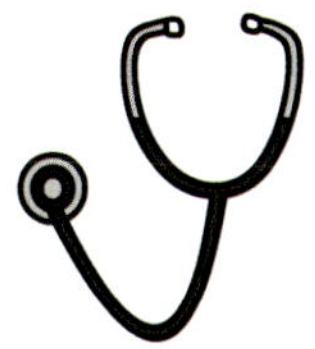
聴診器

診察用回転いすに座る

診察用回転いすから立つ

採血の腕を出す

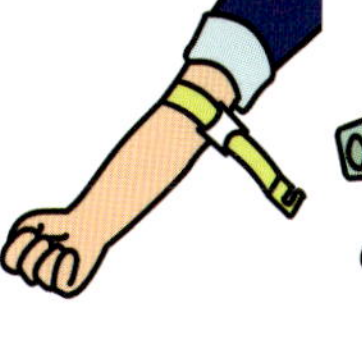
駆血帯をつける

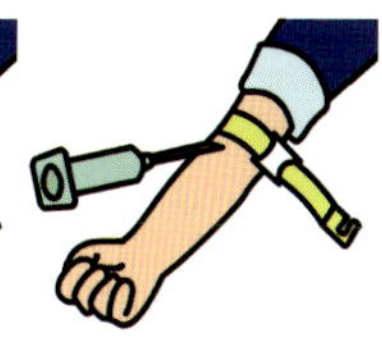
注射器を刺す

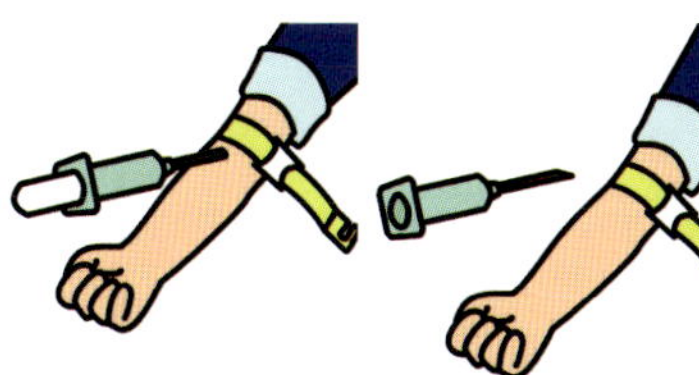
採血管を入れる

注射器を抜く

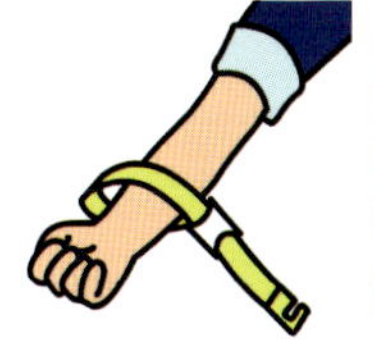
駆血帯をはずす

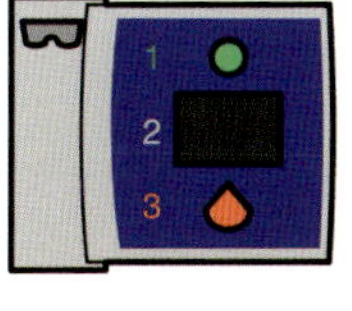

AED

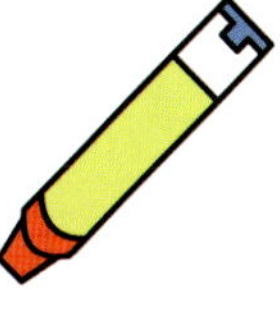
エピペン（1）

エピペン（2）

エピペンを打つ

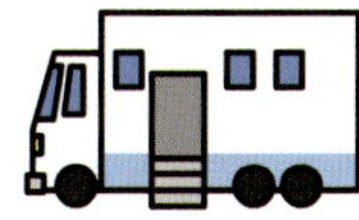
検診車

検診車に乗る

検診車から降りる

パンツをはく（男子）

パンツをはく（女子）

検尿とギョウ虫検査

尿をコップに採る

尿を容器に採る

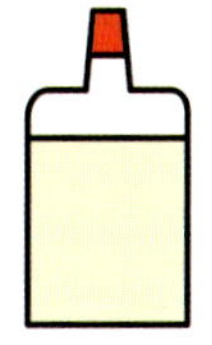
検尿

検尿容器と紙コップ

検尿を袋に入れる

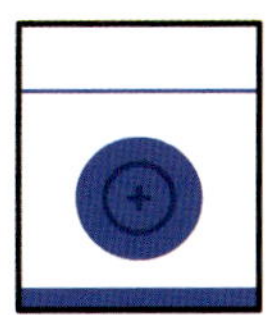
ギョウ虫検査セロファン

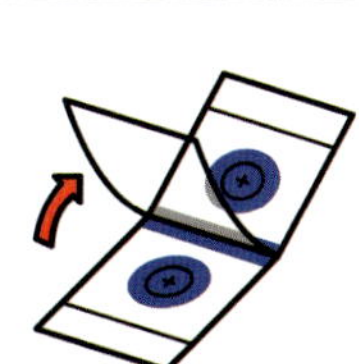
ギョウ虫シートをはがす（1）

ギョウ虫シートをもどす

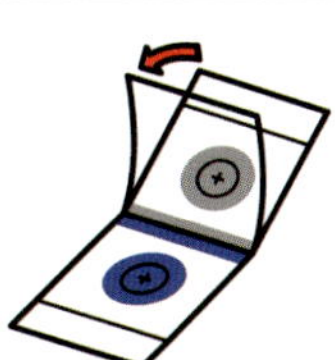
ギョウ虫シートをはがす（2）

ギョウ虫シートのカバーを取り去る

ギョウ虫シートを合わせる

便意

下痢

便秘

普通便

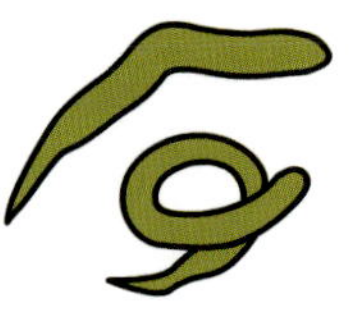
軟便

下痢便

硬い便

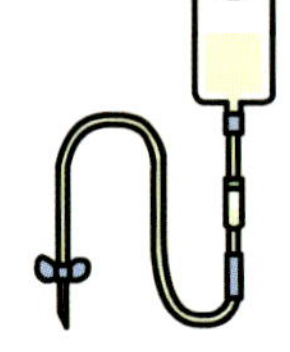
点滴

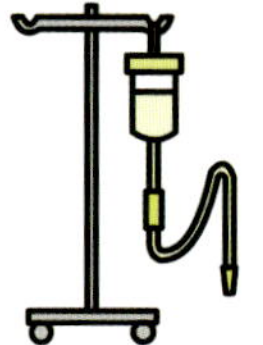
注入

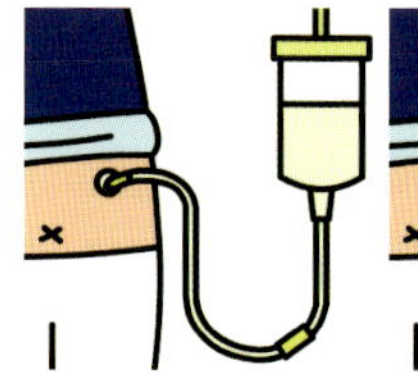
胃ろう注入（1）

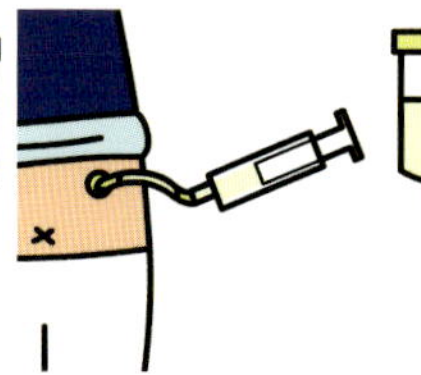
胃ろう注入（2）

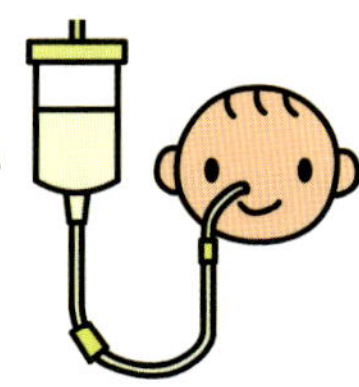
経鼻経管栄養

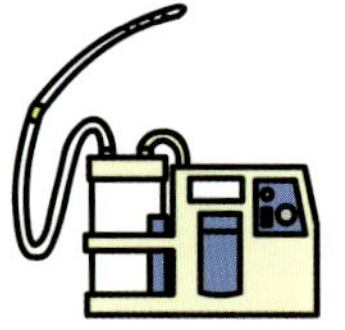
吸引器

目を洗う

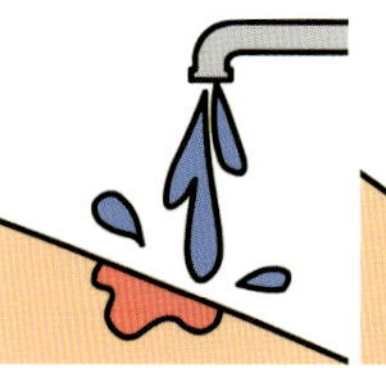
傷を洗う

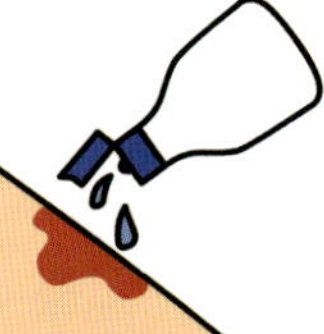
消毒する

消毒薬（1）

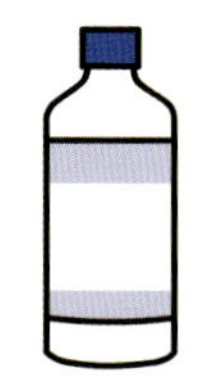
消毒薬（2）

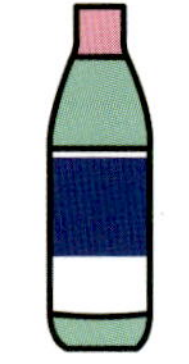
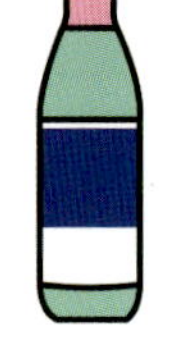
消毒薬（3）

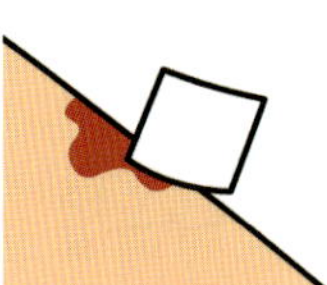
綿で拭く

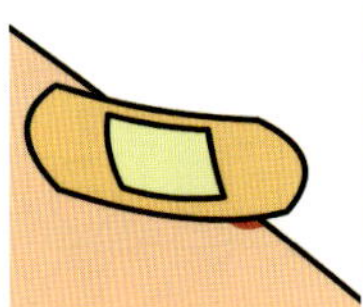
絆創膏を貼る

湿布を貼る

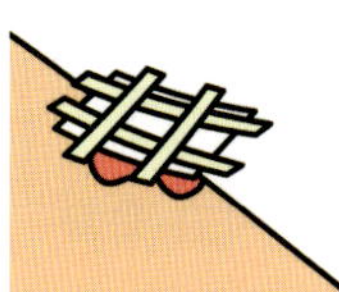
ガーゼを貼る

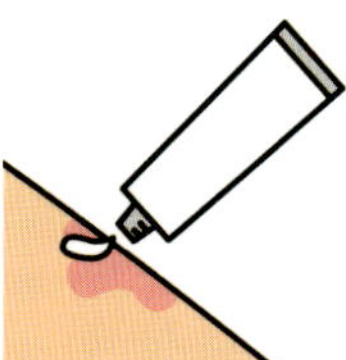
薬を塗る

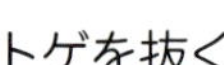
トゲを抜く

薬を飲む
（カプセル）

薬を飲む
（錠剤）

薬を飲む
（粉薬）

薬を飲む
（シロップ薬）

目薬をさす（1）

目薬をさす（2）

冷却シートを貼る

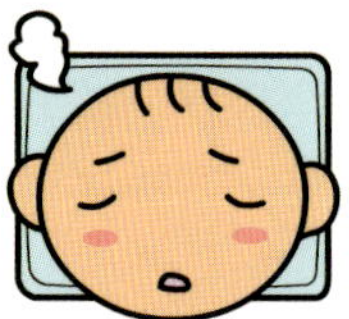
冷却枕を使う

冷却枕

生理

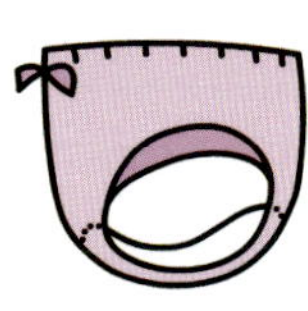
生理用ナプキンをつける

体を洗う
（首・男子）

体を洗う
（首・女子）

体を洗う
（右手・男子）

体を洗う
（右手・女子）

体を洗う
（右脇・男子）

体を洗う
（右脇・女子）

体を洗う
（左手・男子）

体を洗う
（左手・女子）

体を洗う
（左脇・男子）

体を洗う
（左脇・女子）

体を洗う
（胸・男子）

体を洗う
（胸・女子）

体を洗う
（腹・男子）

体を洗う
（腹・女子）

体を洗う
（陰部・男子）

体を洗う
（陰部・女子）

体を洗う
（背中1・男子）

体を洗う
（背中1・女子）

体を洗う
（背中2・男子）

体を洗う
（背中2・女子）

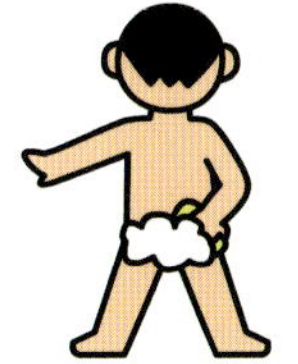
体を洗う
（尻・男子）

体を洗う
（尻・女子）

体を洗う
（右足・男子）

体を洗う
（右足・女子）

体を洗う
（左足・男子）

体を洗う
（左足・女子）

体を拭く（1）
（男子）

体を拭く（1）
（女子）

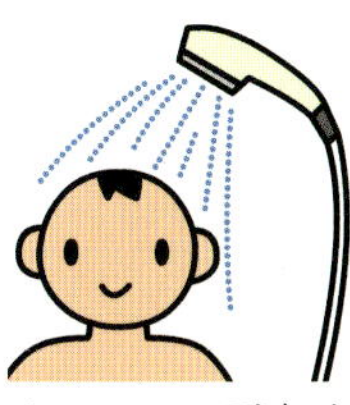
シャワーで流す
（1）（男子）

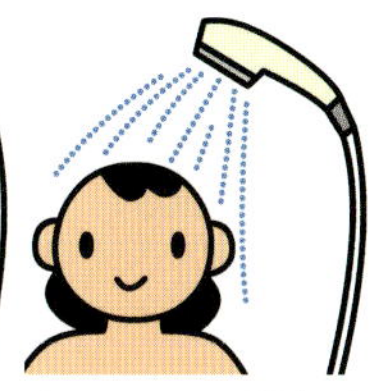
シャワーで流す
（1）（女子）

体を洗う（1）
（男子）

体を洗う（2）
（男子）

体を洗う（3）
（男子）

体を洗う（4）
（男子）

体を洗う（5）
（男子）

体を洗う（6）
（男子）

体を洗う（7）
（男子）

体を洗う（8）
（男子）

体を洗う（9）
（男子）

体を洗う（10）
（男子）

体を洗う（11）
（男子）

体を洗う（12）
（男子）

体を拭く（2）
（男子）

シャワーで流す（2）（男子）

体を洗う（1）
（女子）

体を洗う（2）
（女子）

体を洗う（3）
（女子）

体を洗う（4）
（女子）

体を洗う（5）
（女子）

体を洗う（6）
（女子）

体を洗う（7）
（女子）

体を洗う（8）
（女子）

体を洗う（9）
（女子）

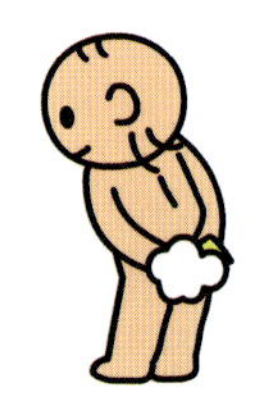
体を洗う（10）
（女子）

体を洗う（11）
（女子）

体を洗う（12）
（女子）

体を拭く（2）
（女子）

シャワーで流す（2）（女子）

歯鏡

探針

処置台に座る
（歯科）

エプロンをつける
（歯科）

処置台を倒す
（歯科）

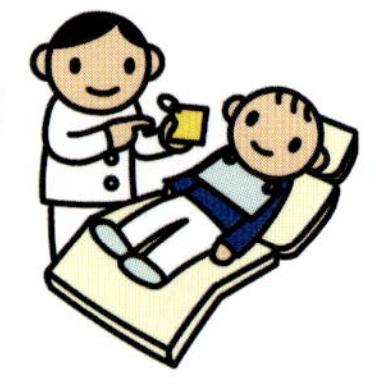
処置を説明する
（歯科）

口を開ける
（歯あり）

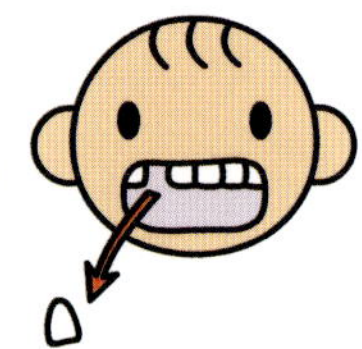
歯が抜ける

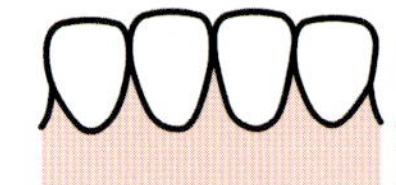

健康な歯肉

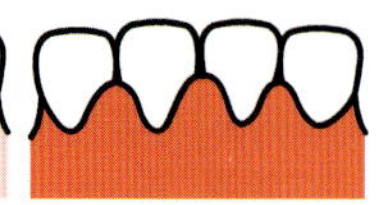

歯肉炎の歯肉

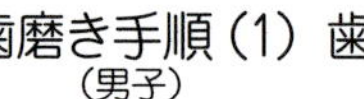
歯磨き手順（1）
（男子）

歯磨き手順（2）
（男子）

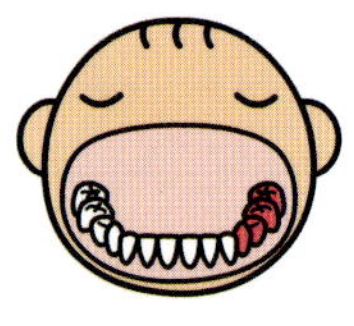
歯磨き手順（3）
（男子）

歯磨き手順（4）
（男子）

歯磨き手順 (5)
（男子）

歯磨き手順 (6)
（男子）

歯磨き手順 (7)
（男子）

歯磨き手順 (8)
（男子）

歯磨き手順 (1)
（女子）

歯磨き手順 (2)
（女子）

歯磨き手順 (3)
（女子）

歯磨き手順 (4)
（女子）

歯磨き手順 (5)
（女子）

歯磨き手順 (6)
（女子）

歯磨き手順 (7)
（女子）

歯磨き手順 (8)
（女子）

歯磨き手順 (1)
（男子・歯ブラシあり・印あり）

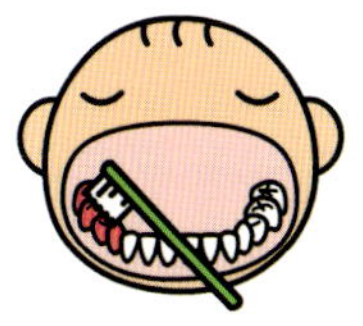
歯磨き手順 (2)
（男子・歯ブラシあり・印あり）

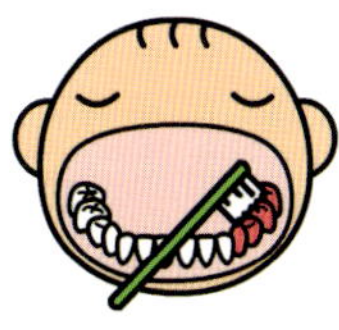
歯磨き手順 (3)
（男子・歯ブラシあり・印あり）

歯磨き手順 (4)
（男子・歯ブラシあり・印あり）

歯磨き手順 (5)
（男子・歯ブラシあり・印あり）

歯磨き手順 (6)
（男子・歯ブラシあり・印あり）

歯磨き手順 (7)
（男子・歯ブラシあり・印あり）

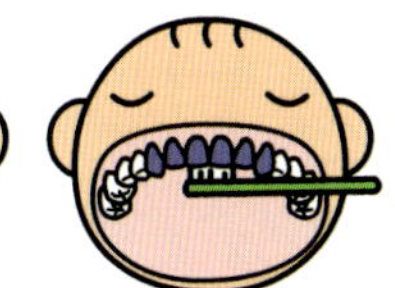
歯磨き手順 (8)
（男子・歯ブラシあり・印あり）

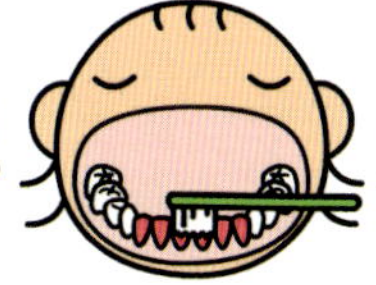
歯磨き手順 (1)
（女子・歯ブラシあり・印あり）

歯磨き手順 (2)
（女子・歯ブラシあり・印あり）

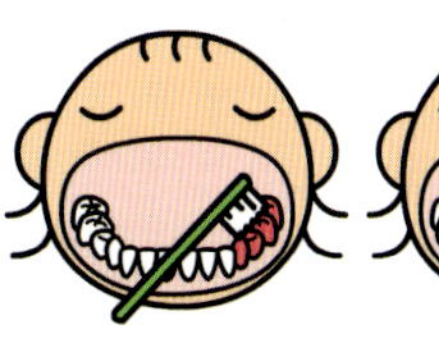
歯磨き手順 (3)
（女子・歯ブラシあり・印あり）

歯磨き手順 (4)
（女子・歯ブラシあり・印あり）

歯磨き手順 (5)
（女子・歯ブラシあり・印あり）

歯磨き手順 (6)
（女子・歯ブラシあり・印あり）

歯磨き手順 (7)
（女子・歯ブラシあり・印あり）

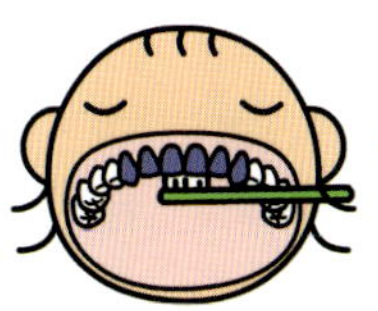
歯磨き手順 (8)
（女子・歯ブラシあり・印あり）

歯磨き手順 (1)
（男子・歯ブラシあり・印なし）

歯磨き手順 (2)
（男子・歯ブラシあり・印なし）

歯磨き手順 (3)
（男子・歯ブラシあり・印なし）

歯磨き手順 (4)
（男子・歯ブラシあり・印なし）

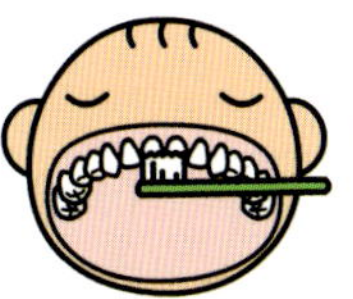
歯磨き手順 (5)
（男子・歯ブラシあり・印なし）

歯磨き手順 (6)
（男子・歯ブラシあり・印なし）

歯磨き手順 (7)
（男子・歯ブラシあり・印なし）

歯磨き手順 (8)
（男子・歯ブラシあり・印なし）

歯磨き手順（1）
（女子・歯ブラシあり・印なし）

歯磨き手順（2）
（女子・歯ブラシあり・印なし）

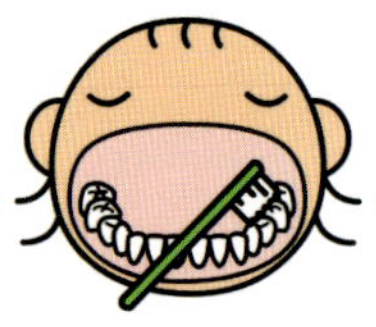
歯磨き手順（3）
（女子・歯ブラシあり・印なし）

歯磨き手順（4）
（女子・歯ブラシあり・印なし）

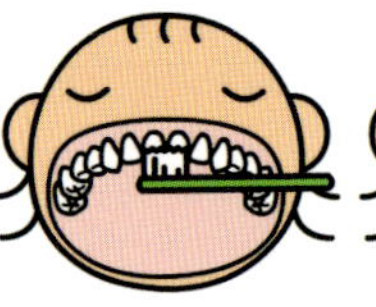
歯磨き手順（5）
（女子・歯ブラシあり・印なし）

歯磨き手順（6）
（女子・歯ブラシあり・印なし）

歯磨き手順（7）
（女子・歯ブラシあり・印なし）

歯磨き手順（8）
（女子・歯ブラシあり・印なし）

カラーテスター

歯の仕上げ磨き

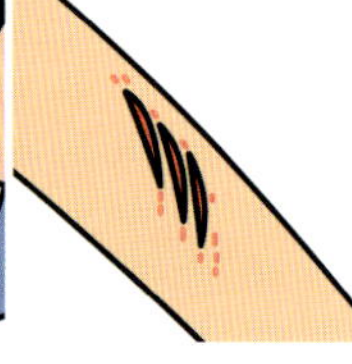
擦り傷

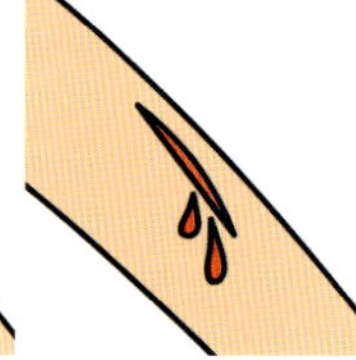
切り傷

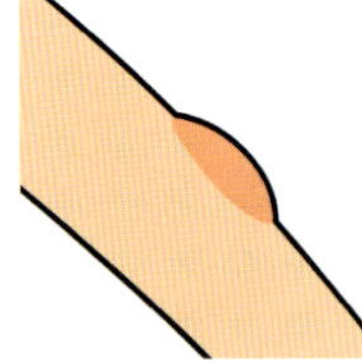
腫れ

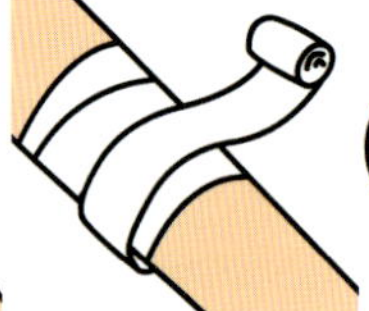
包帯を巻く

突き指

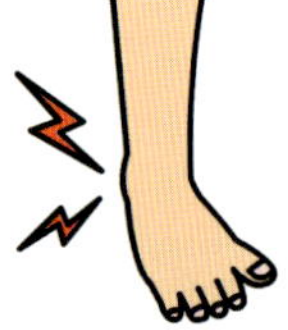
捻挫

こぶ

口唇ヘルペス

肩こり

腰痛

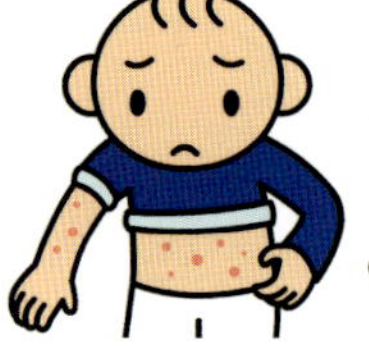
じんましん

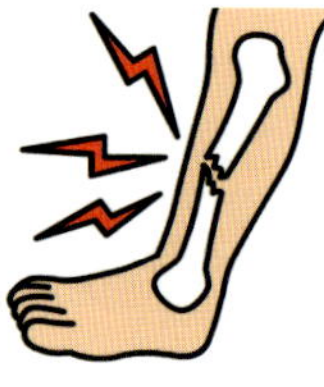
骨折
（足）

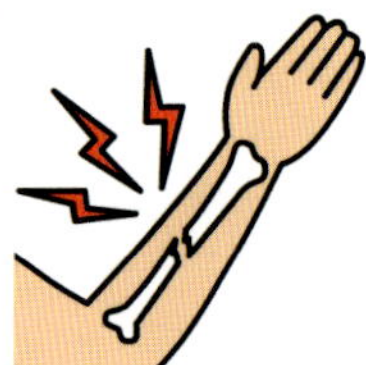
骨折
（腕）

ギプスをする
（足）

ギプスをする
（腕）

松葉杖
（1本）

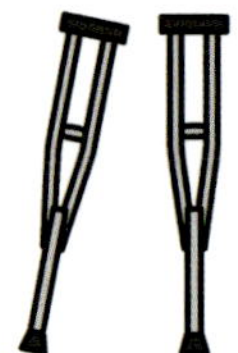
松葉杖
（2本）

みんなで
マスクをつける

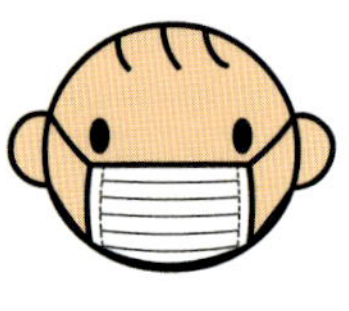
マスクをつける

鼻と口をマスク
で覆う

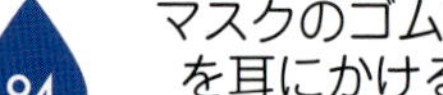
マスクのゴム紐
を耳にかける

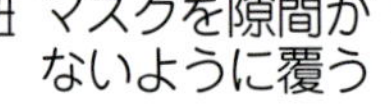
マスクを隙間が
ないように覆う

片方の紐を持って
マスクをはずす

マスクのゴム紐の
部分だけを持つ

蓋の付いた
ゴミ箱に捨てる

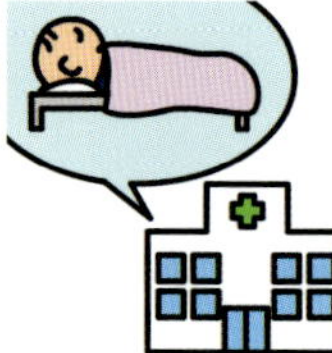
入院する

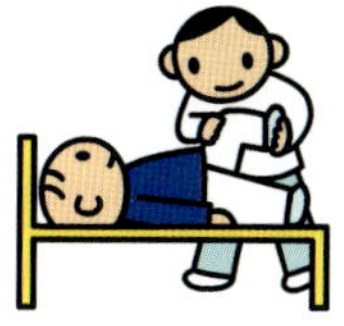

訪問リハビリ

6-7 コミュニケーションの手段

平仮名

片仮名

漢字

アルファベット

点字

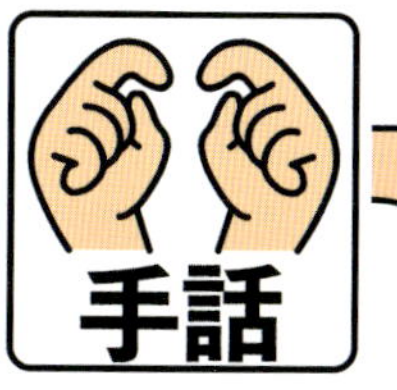

手話（1）

手話（2）

数字

0

1

2 — 2

3 — 3

4 — 4

5 — 5

6 — 6

7 — 7

8 — 8

9 — 9

10 — 10

20 — 20

30 — 30

40 — 40

50 — 50

60 — 60

70 — 70

80 — 80

90 — 90

100 — 100

1000

1000

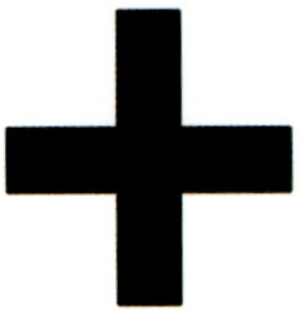

たす

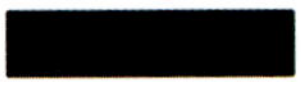

ひく

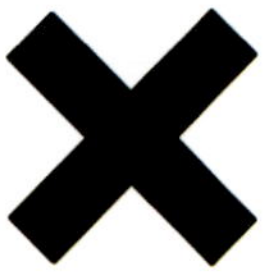

かける

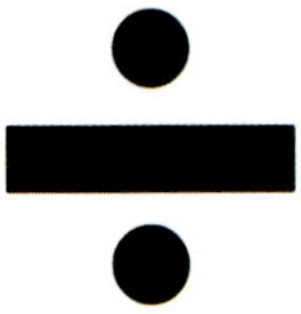

わる

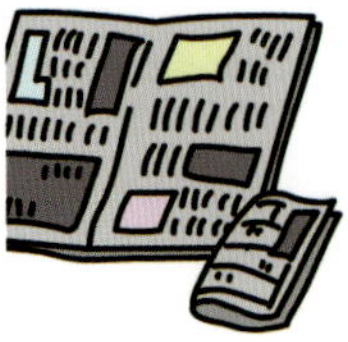

新聞

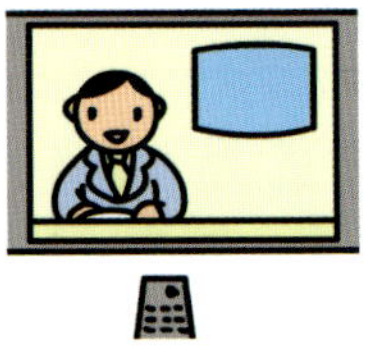

ニュース

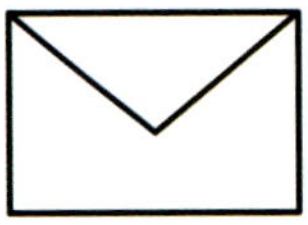

電子メール

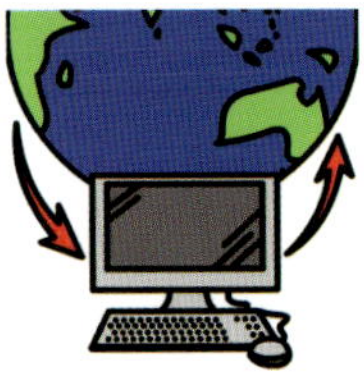

インターネット

コメント

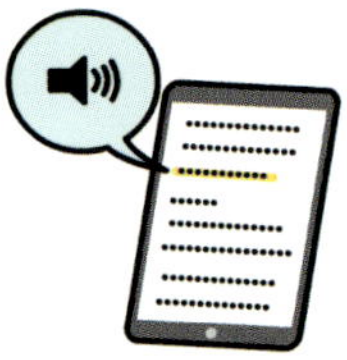

読み上げ

索引

五十音順

数字・欧文

0 …… 95
1 …… 95
2 …… 95
3 …… 95
4 …… 95
5 …… 95
6 …… 95
7 …… 95
8 …… 95
9 …… 95
10 …… 95
20 …… 95
30 …… 95
40 …… 95
50 …… 95
60 …… 95
70 …… 95
80 …… 95
90 …… 95
100 …… 95
1000 …… 96
1円硬貨 …… 59
5円硬貨 …… 59
10円硬貨 …… 60
50円硬貨 …… 60
100円硬貨 …… 60
500円硬貨 …… 60
1000円紙幣 …… 60
2000円紙幣 …… 60
5000円紙幣 …… 60
10000円紙幣 …… 60
1時 …… 77
2時 …… 77
3時 …… 77
4時 …… 77
5時 …… 77
6時 …… 77
7時 …… 77
8時 …… 77
9時 …… 77
10時 …… 77
11時 …… 78
12時 …… 78
AED …… 89
CD …… 56
CDデッキ …… 56
CDの持ち方 …… 42
iPad …… 59
iPad Air …… 59
iPad（裏面） …… 59
iPadを一緒に見る …… 42
iPadを操作する（スワイプ） …… 41
iPadを操作する（タッチ） …… 41
iPadを操作する（タップ） …… 41
iPadを操作する（ダブルタップ） 41
iPadを操作する（ドラッグ） …… 42
iPadを操作する（ピンチアウト） 42
iPadを操作する（ピンチイン） 42
iPadを操作する（フリック） …… 41
iPhone（1） …… 59
iPhone（2） …… 59
iPhone（3） …… 59
PTA会長の言葉（女性） …… 86
PTA会長の言葉（男性） …… 85
Tシャツ …… 57
Tシャツ首元（後ろ） …… 57
Tシャツ首元（前） …… 57
Tシャツのたたみ方（1） 35
Tシャツのたたみ方（2） 35
Tシャツのたたみ方（3） 35
Tシャツのたたみ方（4） 35
Tシャツのたたみ方（5） 35
Tシャツのたたみ方（6） 35
Tシャツを着る …… 88
Tシャツを脱ぐ …… 88

あ

あいさつ …… 44
あいさつ（1） …… 44
あいさつ（2） …… 44
アイスキャンディー …… 51
アイスクリーム（1） …… 51
アイスクリーム（2） …… 51
愛する …… 36
愛知県 …… 74
相手の話を最後まで聞く …… 36
アイロン …… 56
会う …… 36
青虫 …… 23
青森県 …… 74
赤鉛筆 …… 61
赤ちゃん …… 18
赤べこ …… 63
灯り …… 55
明るい …… 29
秋 …… 78
秋田県 …… 74
握手（1） …… 44
握手（2） …… 44
あぐら座りをする …… 40
開ける …… 31
開ける（窓を） …… 31
朝 …… 77
朝顔 …… 24
浅草雷門 …… 72
朝ごはん …… 46
朝の会 …… 84
足 …… 21
足漕ぎボート …… 69
足湯 …… 73
明日 …… 77
アスパラガス …… 49
遊ぶ …… 36
あたえる …… 31
暖かい …… 26
頭 …… 20
頭が痛い …… 26
新しい …… 29
あたり …… 29
あたり棒 …… 67
厚揚げ …… 53
暑い …… 26
厚い …… 29
熱い …… 29
熱い器の持ち方（1） …… 31
熱い器の持ち方（2） …… 31
あなた …… 18
あなたのばん …… 29
兄 …… 18
姉 …… 18
アヒル …… 23
油揚げ …… 53
甘い …… 25
雨 …… 75
あめ（1） …… 50
あめ（2） …… 51
謝る …… 36
鮎 …… 22

アリ…… 23
ありがとう…… 44
ある…… 28
歩きスマホ（は危ない）…… 41
歩く…… 31
アルコールを手に取る…… 33
アルファベット…… 95
泡立て器…… 64
安価…… 29
安心…… 26
あんず…… 50
あんまん…… 48

い

いいえ…… 28
いいねえ…… 44
家…… 55
家の外…… 69
家の中…… 55
イカしゅうまい…… 48
息を止める…… 43
行く…… 32
いくら？…… 45
池・湖…… 73
石…… 74
石川県…… 74
医師（女性）…… 19
医師（男性）…… 19
いじわる…… 26
いす…… 55
伊勢うどん…… 47
忙しい…… 27
痛い…… 26
いただきます…… 44
イタリアン…… 47
いちご（1）…… 50
いちご（2）…… 50
一輪車…… 62
一輪車に乗る（1）…… 79
一輪車に乗る（2）…… 79
いつ？…… 45
一週間スケジュールを貼る 43
いってきます…… 44
いってらっしゃい…… 44
糸…… 66
糸電話…… 62
いなり寿司…… 47
犬…… 21
犬の散歩をする…… 37
イノシシ…… 22
祈る（1）…… 43
祈る（2）…… 43
茨城県…… 74
イベント…… 78
今…… 77
妹…… 18
いも掘り…… 81
イライラする（女子）…… 27
イライラする（男子）…… 27
衣類…… 57
イルカ…… 22
入れる…… 32
色…… 28
胃ろう注入（1）…… 90
胃ろう注入（2）…… 90
色鉛筆…… 61
色鉛筆（12色入り）…… 61
色画用紙…… 61
岩手県…… 74
印鑑…… 62
印刷室…… 82
飲食物…… 46
インターネット…… 96

う

鵜…… 23
ういろう…… 51
ウィンナーソーセージ…… 48
上…… 28
植える…… 37
うがいをする（ガラガラ・女子） 34
うがいをする（ガラガラ・男子） 34
うがいをする（ブクブク・女子） 34
うがいをする（ブクブク・男子） 34
浮き輪…… 62
動き・様子…… 25
ウサギ…… 21
牛…… 21
鵜匠（1）…… 20
鵜匠（2）…… 20
後…… 28
薄い…… 29
臼と杵…… 64
歌う…… 36
内…… 28
うちわ…… 67
美しい…… 29
腕…… 21
腕相撲…… 79
腕時計…… 59
うどん…… 47
ウナギ…… 22
うな重…… 48
頷きながら聞く…… 36
うな丼…… 48
馬…… 21
馬に乗る…… 79
生まれる…… 29
海…… 73
梅…… 24
うらやましい…… 26
うるさい…… 26
嬉しい…… 25
上着…… 57
うわばき…… 57
運動会…… 85
運動会入場門…… 85

え

エアコン…… 57
エアトランポリン…… 79
エアトランポリン（器具） 63
えいえいおー（1）…… 44
えいえいおー（2）…… 44
映画館…… 71
英語…… 84
エイサー…… 81
描く…… 36
駅…… 70
エスカレーター…… 72
枝…… 23
枝豆…… 50
絵の具…… 61
エビフライ…… 48
エピペン（1）…… 89
エピペン（2）…… 89
エピペンを打つ…… 89
愛媛県…… 75
エプロン…… 58
エプロンのたたみ方（1） 35
エプロンのたたみ方（2） 35
エプロンのたたみ方（3） 35
エプロンのたたみ方（4） 35
エプロンのたたみ方（5） 35
エプロンのたたみ方（6） 35
エプロンをつける（歯科） 92
絵本…… 62
選ぶ…… 34
エリンギ…… 49
エレベーター…… 72

園児服（1） ……………… 58
園児服（2） ……………… 58
園児服（3） ……………… 58
園児服（4） ……………… 58
園児服（5） ……………… 58
園児服を着る（1） ……… 31
園児服を着る（2） ……… 31
園児服を着る（3） ……… 31
園児服を着る（4） ……… 31
園児服を着る（5） ……… 31
園児帽（1） ……………… 58
園児帽（2） ……………… 58
園児帽（3） ……………… 58
園児帽（4） ……………… 58
園児帽（5） ……………… 58
園児帽（6） ……………… 58
園児帽をかぶる（1） …… 31
園児帽をかぶる（2） …… 31
園児帽をかぶる（3） …… 31
園児帽をかぶる（4） …… 31
園児帽をかぶる（5） …… 31
園児帽をかぶる（6） …… 31
遠足……………………… 84
鉛筆……………………… 60
鉛筆の持ち方（1） ……… 42
鉛筆の持ち方（2） ……… 42

お

美味しい………………… 25
老いた…………………… 29
応援合戦（1） …………… 85
応援合戦（2） …………… 85
横断歩道………………… 70
横断歩道をわたる……… 39
嘔吐する………………… 27
多い……………………… 28
大分県…………………… 75
大分団子汁……………… 47
大型滑り台……………… 72
大きい…………………… 28
大阪府…………………… 74
オーシャンスイング…… 63
オーシャンスイングに乗る 80
大勢……………………… 18
大玉おくり……………… 85
オーブントースター…… 56
お母さん………………… 18
おかえりなさい………… 44
お菓子を食べる………… 30
おかず…………………… 47
お金……………………… 59
岡山県…………………… 75
おかわりする…………… 44
沖縄県…………………… 75
起きられない…………… 26
起きる…………………… 31
置く……………………… 32
おこづかい……………… 60
お好み焼き……………… 48
お好み焼き（パック入り）… 48
怒る（女子） …………… 25
怒る（男子） …………… 25
お酒……………………… 52
お酒（一升瓶） ………… 52
幼い……………………… 29
おじいさん……………… 18
おじぎ（相手の鼻を見る） … 45
おじぎ（軽い） ………… 45
おじぎ（深い） ………… 45
おじさん………………… 18
お尻相撲………………… 80
押す……………………… 32
遅い……………………… 29
お玉の持ち方…………… 30
お玉のよそい方………… 30
おたよりケース………… 60
お茶……………………… 52
お茶の時間……………… 84
お茶碗の持ち方………… 30
落ちる…………………… 32
おでん…………………… 48
お父さん………………… 18
弟 ……………………… 18
男 ……………………… 18
男の子…………………… 18
お年玉…………………… 78
落とす…………………… 43
大人……………………… 18
大人に相談する………… 42
驚く（女子） …………… 25
驚く（男子） …………… 25
お腹が痛い（女子） …… 27
お腹が痛い（男子） …… 27
お腹がいっぱいだ……… 26
お腹がすいた…………… 26
同じ……………………… 28
おにぎり………………… 46
おにぎりスイッチ……… 67
鬼ごっこ………………… 80
お人形…………………… 63
お願いします…………… 44
おばあさん……………… 18
おばさん………………… 18
おはよう………………… 44
おひな様………………… 78
お弁当…………………… 46
覚える…………………… 42
お盆の持ち方…………… 31
お祭り（昼） …………… 81
お祭り（夜） …………… 81
おめでとう……………… 44
重い……………………… 28
思い出す………………… 42
面白い…………………… 25
おやすみなさい………… 44
親指を洗う……………… 33
親指を洗う（泡あり） … 33
降りる…………………… 32
下りる（階段を） ……… 32
下りる（台から） ……… 32
折る……………………… 40
オレンジジュース……… 52
オレンジジュース（短パック） 52
オレンジジュース（長パック） 52
終わり…………………… 30
終わりの言葉…………… 85
音楽……………………… 81
音楽（科目） …………… 84
音楽鑑賞………………… 85
音楽室…………………… 82
温泉……………………… 73
温泉（屋内） …………… 73
音読する………………… 36
温度計…………………… 67
女 ……………………… 18
女の子…………………… 18
おんぶしてもらう（女性に） 40
おんぶしてもらう（男性に） 40

か

蚊 ……………………… 23
ガーゼを貼る…………… 90
カーディガン…………… 57
カーテン………………… 55
カードゲームをする…… 80
カード・通帳…………… 60
会議室…………………… 82
介護福祉士（女性） …… 19
介護福祉士（男性） …… 19
改札……………………… 70

会社…………………………… 71
外出する……………………… 37
階段…………………………… 55
懐中電灯……………………… 67
回転寿司……………………… 47
買い物カート………………… 73
買い物をする………………… 37
カイロを貼る（女子） …… 35
会話する……………………… 39
帰りの会……………………… 84
カエル………………………… 22
顔 …………………………… 20
顔を洗う……………………… 33
顔を洗う（泡を立てる） …… 33
顔を洗う（泡で洗う）……… 33
顔を洗う（泡で洗う・服なし） 33
顔を洗う（泡を流す）……… 33
顔を洗う（タオルで拭く） … 33
金沢駅（鼓門） …………… 72
かかと………………………… 21
加賀太きゅうり…………… 50
鏡（1） …………………… 65
鏡（2） …………………… 65
鏡餅………………………… 78
香川県……………………… 75
柿 ………………………… 50
鍵 ………………………… 59
かき氷……………………… 51
書き初め…………………… 78
柿の種……………………… 51
柿ピー……………………… 51
鍵をかける（あける） …… 37
書く………………………… 36
かぐ………………………… 43
学習発表会………………… 84
学生服（男子） …………… 58
隠れる……………………… 33
かくれんぼ………………… 80
崖 ………………………… 73
かけっこ…………………… 85
かける……………………… 96
かご………………………… 67
鹿児島県…………………… 75
傘 ………………………… 59
火災避難訓練……………… 84
傘の持ち方………………… 43
菓子………………………… 50
火事………………………… 76
カジキの切り身…………… 53
ガス台……………………… 64
カスタネット……………… 63
カステラ…………………… 51
風邪………………………… 27
風 ………………………… 76
カセットテープ…………… 56
数える……………………… 36
家族………………………… 18
ガソリンスタンド（1） … 71
ガソリンスタンド（2） … 71
肩 ………………………… 21
片足立ち…………………… 42
片足立ち（目を閉じて） …… 42
かたい……………………… 29
硬い便……………………… 90
片仮名……………………… 95
肩車してもらう（女性に） 40
肩車してもらう（男性に） 40
肩こり……………………… 94
片付いている……………… 29
片方の紐を持ってマスクをはずす…………………… 94
肩枕で診察台に寝る（男子） 88
カチューシャ……………… 60
勝つ………………………… 29
がっかり…………………… 25
かっこいい………………… 26
学校………………………… 71
学校長式辞（女性） ……… 85
学校長式辞（男性・髭あり） 85
学校長式辞（男性・髭なし） 85
学校の行事………………… 84
学校の施設と道具………… 82
学校の授業………………… 83
学校の机…………………… 82
合唱………………………… 84
合掌造りの家……………… 72
合奏………………………… 84
カッター…………………… 61
カッターナイフ…………… 61
カッターの持ち方（1） … 40
カッターの持ち方（2） … 40
カッターの渡し方………… 40
カットりんご……………… 49
カッパ……………………… 58
カップ……………………… 64
カップの持ち方…………… 31
カップラーメン（1） …… 47
カップラーメン（2） …… 47
カップラーメンを食べる… 37
家庭科……………………… 84
家庭訪問…………………… 84
神奈川県…………………… 74
悲しい（女子） ………… 25
悲しい（男子） ………… 25
金槌………………………… 66
カニ………………………… 22
カバ………………………… 22
鞄 ………………………… 59
画びょう…………………… 61
かぶ（赤） ……………… 49
かぶ（白） ……………… 49
カプセル薬………………… 65
カブトムシ………………… 23
花粉………………………… 23
かぼす……………………… 50
かぼちゃ…………………… 49
鎌 ………………………… 67
我慢する…………………… 25
紙 ………………………… 60
紙オムツ…………………… 66
神様………………………… 20
雷 ………………………… 76
髪の毛……………………… 21
髪を洗う（女子） ……… 35
髪を洗う（男子） ……… 35
髪を乾かす（女子） …… 35
髪を乾かす（男子） …… 35
髪をしばる………………… 35
髪をとかす（女子） …… 35
髪をとかす（男子） …… 35
かむ………………………… 30
ガム………………………… 51
カメ………………………… 22
カメラ……………………… 59
痒い………………………… 27
火曜日……………………… 77
唐揚げ……………………… 48
カラーコーン（1） …… 63
カラーコーン（2） …… 63
カラーテスター…………… 94
辛い………………………… 25
カラオケ（1） ………… 81
カラオケ（2） ………… 81
カラス……………………… 23
ガラス……………………… 68
体を洗う（1）（女子）…… 92
体を洗う（1）（男子）…… 91
体を洗う（2）（女子）…… 92
体を洗う（2）（男子）…… 91
体を洗う（3）（女子）…… 92

体を洗う（3）（男子）…… 91
体を洗う（4）（女子）…… 92
体を洗う（4）（男子）…… 91
体を洗う（5）（女子）…… 92
体を洗う（5）（男子）…… 91
体を洗う（6）（女子）…… 92
体を洗う（6）（男子）…… 91
体を洗う（7）（女子）…… 92
体を洗う（7）（男子）…… 92
体を洗う（8）（女子）…… 92
体を洗う（8）（男子）…… 92
体を洗う（9）（女子）…… 92
体を洗う（9）（男子）…… 92
体を洗う（10）（女子）… 92
体を洗う（10）（男子）… 92
体を洗う（11）（女子）… 92
体を洗う（11）（男子）… 92
体を洗う（12）（女子）… 92
体を洗う（12）（男子）… 92
体を洗う（陰部・女子）…… 91
体を洗う（陰部・男子）…… 91
体を洗う（首・女子）……… 91
体を洗う（首・男子）……… 91
体を洗う（尻・女子）……… 91
体を洗う（尻・男子）……… 91
体を洗う（背中1・女子）… 91
体を洗う（背中1・男子）… 91
体を洗う（背中2・女子）… 91
体を洗う（背中2・男子）… 91
体を洗う（腹・男子）……… 91
体を洗う（腹・女子）……… 91
体を洗う（左足・女子）…… 91
体を洗う（左足・男子）…… 91
体を洗う（左手・女子）…… 91
体を洗う（左手・男子）…… 91
体を洗う（左脇・女子）…… 91
体を洗う（左脇・男子）…… 91
体を洗う（右足・女子）…… 91
体を洗う（右足・男子）…… 91
体を洗う（右手・女子）…… 91
体を洗う（右手・男子）…… 91
体を洗う（右脇・女子）…… 91
体を洗う（右脇・男子）…… 91
体を洗う（胸・女子）……… 91
体を洗う（胸・男子）……… 91
体を拭く（1）（女子）…… 91
体を拭く（1）（男子）…… 91
体を拭く（2）（女子）…… 92
体を拭く（2）（男子）…… 92
ガリガリ君…………………… 51
カリフラワー………………… 49
軽い………………………… 28
かるた……………………… 62
カレーライス………………… 47
彼ら………………………… 18
カレンダー…………………… 67
川 ………………………… 73
かわいい…………………… 26
乾いた……………………… 29
皮をむく…………………… 30
考える……………………… 36
眼科検診…………………… 86
カンガルー………………… 22
玩具（1）………………… 62
玩具（2）………………… 62
玩具・スポーツ用品・楽器 62
玩具屋……………………… 70
観光バス…………………… 69
看護師……………………… 19
頑固だ……………………… 25
漢字………………………… 95
感謝する…………………… 36
感情・感覚………………… 25
鑑賞する…………………… 40
缶詰………………………… 54
乾電池……………………… 67
乾杯………………………… 81
がんばりました…………… 44
観葉植物…………………… 55

き

木 ………………………… 23
キーボード………………… 63
気球………………………… 69
聞く………………………… 30
きしめん…………………… 47
寄宿舎……………………… 83
起床する（布団で）……… 34
起床する（ベッドで）…… 34
キスする…………………… 36
傷を洗う…………………… 90
季節（四季）……………… 78
ギター……………………… 63
帰宅する…………………… 37
汚い………………………… 29
キックスケーター………… 62
喫茶店……………………… 70
喫茶店員（1）（女子）…… 19
喫茶店員（1）（男子）…… 19
喫茶店員（2）（女子）…… 19
喫茶店員（2）（男子）…… 19
喫茶店員（3）（ホットコーヒー・女子）20
喫茶店員（3）（ホットコーヒー・男子）20
喫茶店員（4）（アイスコーヒー・女子）20
喫茶店員（4）（アイスコーヒー・男子）20
喫茶店員（5）（オレンジジュース・女子）20
喫茶店員（5）（オレンジジュース・男子）20
切手………………………… 61
切符………………………… 59
記念撮影…………………… 86
記念撮影（集団）………… 86
昨日………………………… 77
機能訓練室………………… 82
きのこ……………………… 49
騎馬戦（1騎）…………… 85
騎馬戦（対戦）…………… 85
岐阜県……………………… 74
ギプスをする（足）……… 94
ギプスをする（腕）……… 94
基本動作…………………… 30
決める……………………… 34
気持ち……………………… 25
疑問詞……………………… 45
脚立………………………… 67
キャッチボール…………… 79
キャップ…………………… 57
キャビンアテンダント…… 19
キャベツ…………………… 49
ギャルピース（女子）…… 45
ギャルピース（男子）…… 45
キャンプ（1）…………… 80
キャンプ（2）…………… 80
キャンプファイヤー……… 80
吸引器……………………… 90
救急車……………………… 69
救急隊員…………………… 19
救急箱……………………… 66
九州国立博物館…………… 72
九州地方…………………… 75
給食………………………… 84
給食帽子…………………… 83
給食用トレー……………… 83
急須の持ち方……………… 31
牛乳………………………… 52
牛乳ケース………………… 83
牛乳（瓶入り）…………… 52
牛乳（瓶入り・ふた無し）… 52
きゅうり…………………… 49
給食着……………………… 83
今日………………………… 77

教会…… 72
教科書…… 83
餃子…… 48
教室…… 82
きょうだい…… 18
ギョウ虫シートのカバーを取り去る…… 89
ギョウ虫シートを合わせる 89
ギョウ虫シートをはがす（1） 89
ギョウ虫シートをはがす（2） 89
ギョウ虫検査セロファン… 89
ギョウ虫シートをもどす… 89
京都タワー…… 72
京都府…… 74
挙手する（女子）…… 45
挙手する（男子）…… 44
拒否（座り込み）…… 27
拒否（寝る）…… 27
嫌い…… 25
霧…… 76
切り傷…… 94
キリン…… 22
着る…… 31
切る…… 36
きれい…… 29
気をつけ…… 39
緊急電話をかける（1）… 41
緊急電話をかける（2）… 41
緊急電話をかける（3）… 41
金魚すくい…… 81
銀行…… 71
金時草…… 50
金魚…… 22
巾着…… 60
筋肉…… 21
金曜日…… 77

く

空港…… 72
グー（じゃんけん）…… 81
クーピーペンシル…… 61
釘…… 66
駆血帯をつける…… 89
駆血帯をはずす…… 89
草…… 23
臭い…… 26
草取り…… 43
くし…… 65
くしゃみ…… 27
クジラ…… 22
薬…… 65
薬を塗る…… 90
薬を飲む（カプセル）…… 90
薬を飲む（粉薬）…… 90
薬を飲む（錠剤）…… 90
薬を飲む（シロップ薬）…… 90
果物…… 50
口…… 20
口から息を吸う…… 43
口を開ける…… 88
口を開ける（歯あり）…… 92
口を塞ぐ…… 43
靴…… 57
クッキー…… 51
クッキーの型抜きをする… 37
クッキーの抜型…… 64
靴下…… 57
靴の持ち方…… 35
靴屋…… 70
靴を脱ぐ（女子）…… 88
靴を脱ぐ（男子）…… 87
靴を履く（女子）…… 87
靴を履く（男子）…… 87
首…… 21
首を出して寝る（男子）… 88
首を出す（男子）…… 89
熊…… 22
熊本県…… 75
組体操…… 85
雲（1）…… 76
雲（2）…… 76
曇り…… 76
暗い…… 29
グラタン…… 48
栗…… 50
クリアファイル…… 61
クリーニング…… 84
クリーニング屋…… 70
クリスマス…… 78
クリスマスツリー…… 78
来る…… 32
苦しい…… 26
車…… 69
車いす…… 69
車いすに乗る（女子）…… 39
車いすに乗る（男子）…… 39
車いす用トイレ…… 82
車いすを押してもらう（女子が女性に） 39
車いすを押してもらう（女子が男性に） 39
車いすを押してもらう（女性に） 39
車いすを押してもらう（男性に） 39
車いすを自分でこぐ（女子） 39
車いすを自分でこぐ（男子） 39
車を運転する（1）…… 41
車を運転する（2）…… 41
クレヨン…… 60
クローバー…… 24
グローブ…… 62
クロワッサン…… 46
クワガタムシ…… 23
軍手…… 58
群馬県…… 74

け

携行品…… 59
警察官…… 19
警察署…… 71
携帯電話…… 59
毛糸…… 66
毛糸のパンツをはく（女子） 32
経鼻経管栄養…… 90
計量カップ（1）…… 64
計量カップ（2）…… 64
ケーキ…… 50
ゲートボール…… 78
ゲームをする…… 43
けが…… 27
消しゴム…… 60
化粧する…… 35
下駄箱（1）…… 82
下駄箱（2）…… 82
ケチャップ…… 54
結婚する…… 39
月曜日…… 77
煙…… 67
下痢…… 90
下痢便…… 90
蹴る…… 33
検温…… 86
検温（腕を軽く抑える）…… 87
検温（表示部分を向ける）… 86
検温（脇の下にはさむ）…… 86
けんかする…… 39
元気だ…… 26
元気ですか？…… 45
健康観察…… 84
健康診断・保健…… 86
健康な歯肉…… 92
言語聴覚士（ST）…… 19
検査着を着る（1）…… 88

検査着を着る（2）……… 88
検査着を脱ぐ……………… 88
検索機……………………… 56
検診車……………………… 89
検診車から降りる………… 89
検診車に乗る……………… 89
検尿………………………… 89
検尿とギョウ虫検査……… 89
検尿容器と紙コップ……… 89
検尿を袋に入れる………… 89
鍵盤ハーモニカ…………… 63
鍵盤ハーモニカ（チューブ） 63
兼六園……………………… 72

こ

コイ………………………… 22
恋しがる（1）…………… 27
恋しがる（2）…………… 27
鯉のぼり…………………… 78
恋人………………………… 18
公園………………………… 71
高価………………………… 29
校外学習…………………… 84
交換する…………………… 37
高校生（女子）…………… 20
高校生（男子）…………… 20
高校生（男子・女子）…… 20
工作のり…………………… 61
工作のりをつける………… 40
交差点……………………… 70
公衆電話…………………… 73
工場………………………… 71
甲状腺超音波検査（男子） 89
甲状腺超音波検査ティッシュで拭く（男子）……… 89
口唇ヘルペス……………… 94
高知県……………………… 75
紅茶………………………… 52
校長室（女性）…………… 82
校長室（男性・髭あり）… 82
校長室（男性・髭なし）… 82
校長先生（女性）………… 19
校長先生（男性・髭あり）… 19
校長先生（男性・髭なし）… 19
交通安全教室……………… 84
交通関連…………………… 70
校庭………………………… 83
行動・行為………………… 36
紅白帽子…………………… 83
交番………………………… 71
交番の警察官……………… 19
コウモリ…………………… 22
コート……………………… 57
コーヒー…………………… 52
コーラ……………………… 52
氷…………………………… 54
ゴール……………………… 85
コーンの間を走る………… 80
五家宝……………………… 51
ゴキブリ…………………… 23
国語………………………… 83
黒板………………………… 61
黒板消し…………………… 61
黒板消しクリーナー……… 61
黒板消しクリーナーをかける 40
黒板を拭く………………… 40
午後………………………… 77
ココアゼリー……………… 51
ここに来て………………… 45
腰…………………………… 21
こしょう…………………… 53
コスモス…………………… 24
午前………………………… 77
コタツ……………………… 56
コタツに入る……………… 40
ごちそうさま……………… 44
国会議事堂………………… 72
国歌斉唱…………………… 85
コック……………………… 19
骨折（足）………………… 94
骨折（腕）………………… 94
コップ……………………… 64
コッペパン………………… 46
こども……………………… 18
粉薬………………………… 65
粉ふるい…………………… 64
ご飯………………………… 46
ご飯箱……………………… 83
こぶ………………………… 94
個別学習…………………… 84
こぼす……………………… 34
困っています……………… 44
困る………………………… 26
ゴミ箱……………………… 56
コミュニケーションの手段 95
コミュニケーションブック 60
ゴミを出す………………… 38
小麦粉……………………… 53
ゴム跳び…………………… 80
ゴムべら…………………… 64
ゴムべらで混ぜる………… 37
米…………………………… 53
コメント…………………… 96
ごめんなさい……………… 44
ゴリラ……………………… 22
ゴルフ……………………… 79
転ぶ………………………… 32
怖い………………………… 26
コンセント………………… 55
昆虫………………………… 23
こんにちは………………… 44
こんばんは………………… 44
コンビニ…………………… 71
コンビニ弁当……………… 48

さ

サーターアンダギー……… 51
サービスエリア…………… 70
サイ………………………… 22
サイクリング自転車……… 69
採血管を入れる…………… 89
採血の腕を出す…………… 89
埼玉県……………………… 74
採点する…………………… 40
財布………………………… 59
坂…………………………… 73
佐賀県……………………… 75
探す………………………… 33
魚…………………………… 22
砂丘………………………… 73
作業学習…………………… 84
作業着……………………… 58
作業療法士（OT）………… 19
桜…………………………… 23
さくらんぼ………………… 50
鮭の切り身………………… 53
座高測定…………………… 86
笹団子……………………… 51
ささやく…………………… 39
サッカー…………………… 78
サッカーボール…………… 62
さつまいも………………… 49
砂糖………………………… 54
砂漠………………………… 73
寂しい……………………… 26
寒い………………………… 26
寒気………………………… 27
さようなら………………… 44
皿…………………………… 64
サラダ……………………… 47

ザリガニ…… 22
猿 …… 22
ざる…… 64
さるぼぼ…… 63
騒ぐ…… 43
サングラス…… 59
算数…… 83
サンタクロース…… 20
サンドイッチ…… 47
サンドイッチ用食パン…… 46
散髪ケープをかける（女子） 35
散髪する（女子） …… 35
散髪する（男子） …… 35
散歩…… 79
三輪車…… 69

し

幸せ…… 25
シーサー（阿） …… 73
シーサー（吽） …… 73
シーサー（対） …… 73
シーソー…… 72
しいたけ…… 49
シートベルトをする（1） 39
シートベルトをする（2） 39
ジェラートアイス…… 51
塩 …… 53
鹿 …… 22
歯科医院…… 71
歯科医師…… 19
歯科衛生士…… 19
仕掛け絵本…… 62
滋賀県…… 74
歯科検診…… 86
叱る…… 37
歯鏡…… 92
始業式…… 85
耳鏡（トレルチェ氏） …… 88
耳鏡を入れる（左耳） …… 88
耳鏡を入れる（右耳） …… 88
ジグソーパズル…… 62
事故…… 70
四国地方…… 75
自在箒…… 66
自在箒をかける（1） …… 38
自在箒をかける（2） …… 38
自在箒をかける（3）（女子） 38
自在箒をかける（3）（男子） 38
思春期のイライラ（女子） 27
思春期のイライラ（男子） 27
司書（女性） …… 19
司書（男性） …… 19
地震…… 76
静岡県…… 74
静かに…… 26
静かモード（体育座り）…… 27
静かモード（着席） …… 27
視線入力…… 68
地蔵…… 73
舌 …… 20
下 …… 28
下を向いて水を吐き出す（女子） 34
下を向いて水を吐き出す（男子） 34
下敷き…… 61
視聴覚室…… 82
知っている…… 36
湿布を貼る…… 90
自転車…… 69
自転車に乗って傘をさすのはやめよう…… 79
自転車に乗ってスマホを使うのはやめよう…… 79
自転車に乗ってヘッドフォンを使うのはやめよう…… 79
自転車に乗る（1） …… 79
自転車に乗る（2） …… 79
自転車を押す…… 79
自動改札…… 70
自動販売機…… 73
児童用更衣室（女子） …… 83
児童用更衣室（男子） …… 83
児童用トイレ（女子） …… 82
児童用トイレ（男子） …… 82
歯肉炎の歯肉…… 92
死ぬ…… 29
耳鼻科検診（口） …… 86
耳鼻科検診（鼻） …… 86
耳鼻科検診（左耳） …… 86
耳鼻科検診（右耳） …… 86
自分の部屋…… 55
絞る…… 33
島 …… 73
シマウマ…… 22
島根県…… 75
自慢する…… 25
事務室…… 82
締め…… 81
しめじ…… 49
閉める…… 31
閉める（窓を） …… 31
ジャージ…… 58
ジャージ（夏用） …… 58
ジャージ（冬用） …… 58
社会…… 83
じゃがいも…… 49
じゃじゃ麺…… 47
シャツ…… 57
シャツが出ている（後ろ・女子）32
シャツが出ている（後ろ・男子）32
シャツが出ている（前・女子） 32
シャツが出ている（前・男子） 32
ジャックオランタン…… 78
シャツ（下着） …… 57
シャツを入れる（後ろ・女子） 32
シャツを入れる（後ろ・男子） 32
シャツを入れる（前・女子） 32
シャツを入れる（前・男子） 32
シャボン玉…… 81
ジャム…… 54
シャワー…… 55
シャワーで流す（1）（女子） 91
シャワーで流す（1）（男子） 91
シャワーで流す（2）（女子） 92
シャワーで流す（2）（男子） 92
シャワーを浴びる（水着・女子）41
シャワーを浴びる（水着・男子）41
ジャングルジム…… 80
じゃんけん…… 81
ジャンパー…… 57
シャンプー…… 65
シャンプーとトリートメント 65
シャンプーを手にとる…… 40
ジャンプする…… 34
終業式…… 85
習字…… 83
住所…… 68
ジュース…… 52
渋滞…… 70
シュウマイ…… 48
授業…… 83
授業参観…… 84
宿題プリント…… 84
手工芸（1） …… 84
手工芸（2） …… 84
出身地・国…… 74
十玉そろばん…… 67
趣味…… 81
首里城…… 72
手話（1） …… 95
手話（2） …… 95

準備体操…………………… 83
準備体操（半袖半ズボン） … 83
準備体操（水着・女子） …… 41
準備体操（水着・男子） …… 41
紹介する…………………… 39
正月………………………… 78
小学校……………………… 71
定規………………………… 61
昇降口……………………… 82
状態・様子………………… 28
焼酎（1） ……………… 52
焼酎（2） ……………… 52
消毒する…………………… 90
消毒薬（1） …………… 90
消毒薬（2） …………… 90
消毒薬（3） …………… 90
消防士……………………… 19
消防車……………………… 69
消防署……………………… 71
しょうゆ…………………… 53
じょうろ…………………… 67
職員室……………………… 82
職員用更衣室（女性） …… 82
職員用更衣室（男性） …… 82
職員用トイレ（女性） …… 82
職員用トイレ（男性） …… 82
職業………………………… 19
食材………………………… 53
食事（口に食べ物が入ったまま喋る） 30
食事（食べる時に席を立つ） 30
食事の種類………………… 46
食事（複数で楽しく食べる） 30
食事・洋食………………… 46
食堂………………………… 55
食品用ラップ……………… 64
植物………………………… 23
女性に年齢を聞く………… 36
処置台に座る（歯科） …… 92
処置台を倒す（歯科） …… 92
処置を説明する（歯科） … 92
食缶（1）（ふたあり） …… 83
食缶（1）（ふたなし） …… 83
食缶（2）（ふたあり） …… 83
食缶（2）（ふたなし） …… 83
食缶（3）（ふたあり） …… 83
食缶（3）（ふたなし） …… 83
食器洗い洗剤……………… 64
食器かご…………………… 83
食器・調理用品…………… 64
白樺………………………… 24
知らない人から声をかけられる 43
尻 ………………………… 21
視力検査（左目） ………… 87
視力検査表………………… 87
視力検査（右目） ………… 87
視力の低下………………… 27
汁物………………………… 47
シロップ薬………………… 65
新幹線……………………… 69
信号機……………………… 70
深呼吸……………………… 43
診察台から起きる………… 88
診察台……………………… 88
診察台に座る（靴を脱ぐ・女子） 88
診察台に座る（靴を脱ぐ・男子） 88
診察台に座る（女子） …… 88
診察台に座る（男子） …… 88
診察台に寝る……………… 88
診察用回転いす…………… 89
診察用回転いすから立つ… 89
診察用回転いすに座る…… 89
神社………………………… 72
シンセサイザー…………… 63
心臓………………………… 21
身体………………………… 20
身長測定…………………… 86
身長測定（運動着） ……… 86
心電図検査………………… 87
心電図検査（足に電極） …… 87
心電図検査（お腹を出す） … 87
心電図検査（座位） ……… 87
心電図検査（手に電極） …… 87
心電図検査（マットに寝る） 87
心電図検査（胸に電極） …… 87
心配………………………… 26
人物………………………… 18
新聞………………………… 96
じんましん………………… 94

す

酢 ………………………… 54
水泳（1） ……………… 79
水泳（2） ……………… 79
スイカ……………………… 50
スイカ割り………………… 80
水族館……………………… 71
スイッチ…………………… 67
水筒………………………… 60
水道………………………… 55
炊飯器……………………… 56
水曜日……………………… 77
数字………………………… 95
スーツ……………………… 58
スーツケース……………… 60
スーツ（女性） ………… 58
スーツ（男性） ………… 58
スーパー…………………… 71
スーパーボールすくい…… 81
スカート…………………… 57
好き………………………… 25
鍬 ………………………… 67
杉 ………………………… 23
スキー……………………… 81
スクイージー……………… 66
スクイージーをかける（女子） 38
スクイージーをかける（男子） 38
スクールバス……………… 69
少ない……………………… 28
スケート…………………… 80
図工（美術） ……………… 83
少し………………………… 28
スコップ…………………… 67
すごろく…………………… 62
寿司………………………… 47
涼しい……………………… 26
スズメ……………………… 23
すずらん…………………… 24
酸っぱい…………………… 25
ステージ…………………… 82
捨てる……………………… 32
ストーブ…………………… 55
砂場………………………… 73
砂場で遊ぶ………………… 80
スニーカー………………… 57
スノーボード……………… 81
スパゲティ………………… 47
スプーン…………………… 64
スプーンの持ち方………… 30
スプレーボトル…………… 66
スペースリング…………… 63
滑り台……………………… 72
すべる……………………… 43
スポーツ・遊び…………… 78
ズボン……………………… 57
スポンジ…………………… 65
ズボンのたたみ方（1） … 35
ズボンのたたみ方（2） … 35
ズボンのたたみ方（3） … 35
ズボンのたたみ方（4） … 35
ズボンのたたみ方（5） … 35

ズボンをはく（女子）…… 32
ズボンをはく（男子）…… 32
スマートフォンを充電する 41
スマートフォンを操作する 41
住まい・家具…………… 55
すみれ…………………… 24
擦り傷…………………… 94
スリッパ………………… 57
スロープ………………… 72
座る……………………… 31

せ

生活……………………… 68
星座（カシオペア座）……… 75
正座をする（1）………… 40
正座をする（2）………… 40
清掃員（女子）…………… 20
清掃員（男子）…………… 20
清掃表示板……………… 66
清掃用品・工具・園芸用品 66
制服……………………… 58
生理……………………… 90
生理用ナプキン（1）…… 66
生理用ナプキン（2）…… 66
生理用ナプキン（3）…… 66
生理用品（ナプキンとポーチ） 66
生理用ナプキンをつける… 90
セーラー服（女子）……… 58
咳 ……………………… 27
舌圧子…………………… 88
舌圧子（フレンケル氏）…… 88
舌圧子（木製）…………… 88
舌圧子を入れる（1）…… 88
舌圧子を入れる（2）…… 88
舌圧子を入れる（3）…… 88
石鹸……………………… 65
石鹸で手を洗う………… 33
石鹸の泡を手に取る……… 33
設備……………………… 72
節分……………………… 78
説明する………………… 42
背中……………………… 21
背中を見せる…………… 86
背の順に整列する……… 39
狭い……………………… 29
セミ……………………… 23
背もたれ付きいすから立つ（女子） 31
背もたれ付きいすに座る（女子） 31
セラピーボール………… 79
セロハンテープ………… 61
善光寺…………………… 72
全校集会………………… 84
全身……………………… 20
全身じゃんけん（グー）… 81
全身じゃんけん（チョキ） 81
全身じゃんけん（パー）… 81
先生（女性）……………… 19
先生（男性）……………… 19
先生と手をつなぐ（女子と先生男性） 41
先生と手をつなぐ（女子と先生女性） 41
先生と手をつなぐ（男子と先生男性） 41
先生と手をつなぐ（男子と先生女性） 41
先生の話………………… 84
洗濯機…………………… 56
洗濯物をたたむ………… 38
線の上を歩く…………… 42
扇風機…………………… 57
せんべい………………… 51
洗面器…………………… 65
洗面台…………………… 55

そ

ゾウ……………………… 22
雑巾……………………… 66
雑巾のしぼり方（1）…… 38
雑巾のしぼり方（2）…… 38
雑巾の拭き方（1）……… 38
雑巾の拭き方（2）……… 38
雑巾の拭き方（3）……… 38
雑巾の拭き方（4）……… 38
送辞……………………… 86
掃除機…………………… 57
掃除をする（1）………… 37
掃除をする（2）………… 37
そうそう………………… 44
相談室…………………… 82
ソーキそば……………… 48
ソース…………………… 53
ソースカツ丼…………… 48
そして…………………… 28
卒業式…………………… 85
卒業証書授与…………… 85
袖で鼻と口を覆う……… 43
袖をまくる……………… 31
外 ……………………… 28
外で弁当を食べる……… 80
その他（家の中）………… 67
その他（人・動植物）……… 20
そば……………………… 47
ソファ…………………… 56
ソフトクリーム………… 51
ソフト麺………………… 53
そよ風…………………… 76
空（1）…………………… 73
空（2）…………………… 73
そり……………………… 80

た

体育……………………… 83
体育館…………………… 82
体育座り（1）（男子）…… 40
体育座り（1）（女子）…… 40
体育座り（2）…………… 40
体育マット……………… 63
体温計…………………… 65
体温計を入れる………… 86
大学……………………… 71
大工……………………… 20
太鼓……………………… 62
太鼓をたたく…………… 81
大根……………………… 49
台車（1）………………… 67
台車（2）………………… 67
体重測定（運動着・男子）… 86
体重測定（女子）………… 86
体重測定（男子）………… 86
大丈夫…………………… 44
大丈夫（OK）…………… 45
台所……………………… 55
台風……………………… 76
タイムケア……………… 71
タイムタイマー………… 67
タイヤ跳び（1）………… 80
タイヤ跳び（2）………… 80
タイヤ（遊具）…………… 63
タオル…………………… 65
高い……………………… 28
高い高いしてもらう（女性に） 40
高い高いしてもらう（男性に） 40
たかばい………………… 42
滝 ……………………… 73
たき火…………………… 80
たくさん………………… 28
タクシー………………… 69
託児所…………………… 71
竹 ……………………… 24
竹馬（足に乗る）………… 79
たこ焼き………………… 48
たす……………………… 96
助ける…………………… 37

尋ねる…… 36
ただいま…… 44
たたく…… 43
立つ…… 31
脱衣かご（イラスト付き）… 88
脱衣（女子・シャツとパンツ） 87
脱衣（女子・パンツのみ）… 87
脱衣（男子）…… 87
だっこしてもらう（女性に） 40
だっこしてもらう（男性に） 40
タツノオトシゴ…… 22
棚…… 55
七夕…… 78
谷…… 73
種…… 23
楽しい…… 25
タバコ…… 59
旅…… 81
旅のしおり…… 60
食べる…… 30
玉入れ…… 85
たまご…… 53
卵焼き…… 47
玉しゃくし…… 64
玉ねぎ…… 49
だるい…… 26
だるま…… 63
誰？…… 45
ダンゴムシのポーズ…… 41
炭酸飲料…… 52
男子トイレ（1）…… 55
男子トイレ（2）…… 55
誕生日…… 78
探針…… 92
ダンスする…… 36
ダンスをする（複数で）… 36
田んぼ…… 73
段ボール箱…… 67
段ボール箱（開いたふた）… 67
段ボール箱に入る…… 42
たんぽぽ…… 24

ち

血（1）…… 21
血（2）…… 21
小さい…… 28
小さい声で伝える（女子） 39
小さい声で伝える（男子） 39
小さく前へならえ（1）… 39
小さく前へならえ（2）… 39
チーズ…… 53
チーズトースト…… 46
近い…… 28
違う…… 29
地下鉄…… 69
地球…… 75
チキンナゲット…… 48
地形…… 73
地図…… 60
父の日…… 78
千葉県…… 74
チャーハン…… 48
茶碗…… 64
ちゃんぽん…… 48
中華…… 46
中学・高校…… 71
注射器を刺す…… 89
注射器を抜く…… 89
駐車場…… 71
注射部位を消毒する…… 87
注射をする…… 37
注入…… 90
チューブのり…… 61
チューブのりをつける…… 40
チューリップ…… 24
チョウ…… 23
聴診器…… 89
提灯…… 67
調味料・その他…… 53
聴力検査（左耳・音あり）… 87
聴力検査（左耳・音なし）… 87
聴力検査（ボタンを押す）… 87
聴力検査（右耳・音あり）… 87
聴力検査（右耳・音なし）… 87
聴力検査（両耳ヘッドホン） 87
聴力検査（両耳ヘッドホン・左音あり） 87
聴力検査（両耳ヘッドホン・右音あり） 87
チョーク…… 61
チョキ（じゃんけん）…… 81
貯金する…… 43
貯金箱…… 68
チョコバナナ…… 51
チョコレート…… 50
ちょっと待って…… 45
ちらかっている…… 29
ちりとり…… 66
ちりとりの使い方（1）… 38
ちりとりの使い方（2）… 38
ちりとりの使い方（3）… 38
ちんすこう…… 52

つ

杖…… 60
疲れている…… 26
月（1）…… 75
月（2）…… 75
月（3）…… 75
突き指…… 94
月を眺める…… 42
机…… 56
机といす…… 82
机の下にもぐる…… 41
机の運び方…… 38
机の持ち方…… 38
つくし…… 24
作る…… 40
綱引き…… 85
ツバメ…… 23
つまむ…… 43
つまらない…… 25
積み木…… 62
積む…… 34
爪…… 21
爪切り…… 65
爪切り（足）…… 34
爪切り（手）…… 34
冷たい…… 29
爪を洗う…… 33
爪を洗う（泡あり）…… 33
爪を切る…… 34
釣り（1）…… 80
釣り（2）…… 80

て

手…… 21
手洗い…… 55
提案する…… 42
ティーバッグ…… 52
定期券…… 59
ティッシュペーパー…… 65
ティッシュをゴミ箱に捨てる 43
ティッシュを取る…… 43
テーブル…… 56
テーブル雑巾がけ（女子） 38
テーブル雑巾がけ（男子） 38
手押し一輪車…… 67
できることはありますか… 45
できる（できた）…… 36
手首を洗う…… 33
手首を洗う（泡あり）…… 34

手漕ぎボート………………… 69
デザート（1）…………… 49
デザート（2）…………… 49
手順カード………………… 60
鉄琴………………………… 63
手伝ってください………… 44
鉄棒………………………… 72
鉄棒遊び…………………… 80
手でこねる………………… 37
テニス……………………… 78
手の甲を洗う……………… 33
手の甲を洗う（泡あり）… 33
手のひらを洗う…………… 33
手のひらを洗う（泡あり） 33
デパート…………………… 71
手羽先……………………… 48
手袋………………………… 57
手巻き寿司………………… 47
寺 ………………………… 71
出る………………………… 32
テレビ……………………… 56
テレビ会議をする………… 42
手を洗う…………………… 33
手をつなぐ………………… 40
手をつなぐ（女子と女子）… 40
手をつなぐ（女子と男子）… 41
手をつなぐ（男子と男子）… 40
手を拭く…………………… 34
電化製品…………………… 56
天気………………………… 75
電気かみそり……………… 57
天候………………………… 75
点字………………………… 95
電子メール………………… 96
電車………………………… 69
電車に乗る………………… 34
電車の運転手……………… 19
電車の遅延………………… 70
電車を降りる……………… 34
電子レンジ………………… 56
点滴………………………… 90
天むす……………………… 48
電話………………………… 56
電話相談する……………… 37
電話番号…………………… 68
電話をする（1）（スマートフォン）41
電話をする（2）（スマートフォン）41

と

ドア………………………… 55
トイレ（1） ……………… 55
トイレ（2） ……………… 55
トイレ掃除をする………… 37
トイレットペーパー……… 65
トイレに行く……………… 34
トイレのマーク…………… 73
等旗（三角） …………… 85
等旗（四角） …………… 85
東京スカイツリー………… 72
東京タワー………………… 72
東京都……………………… 74
道具箱……………………… 61
陶芸………………………… 84
答辞………………………… 86
籐手芸……………………… 84
どうぞ……………………… 44
投票する…………………… 43
豆腐………………………… 53
動物………………………… 21
動物園……………………… 71
動物（総称） …………… 21
とうもろこし……………… 49
灯油………………………… 67
道路・街路………………… 72
遠い………………………… 28
トースト…………………… 46
ドーナツ…………………… 51
トカゲ……………………… 23
ドキドキする……………… 27
徳島県……………………… 75
特別支援学校……………… 71
時計………………………… 67
トゲを抜く………………… 90
どこ？……………………… 45
どこにありますか？……… 45
床屋（1） ……………… 71
床屋（2） ……………… 71
登山………………………… 80
図書館……………………… 71
図書室……………………… 82
図書袋……………………… 82
栃木県……………………… 74
どちら？…………………… 45
ドッヂボール……………… 79
鳥取県……………………… 75
鳥取砂丘…………………… 72
鳥取大山…………………… 72
跳び箱……………………… 63
跳び箱を跳ぶ（1） ……… 79
跳び箱を跳ぶ（2） ……… 79
トマト……………………… 49
友達………………………… 18
富山県……………………… 74
土曜日……………………… 77
虎 ………………………… 22
トライアングル…………… 63
ドライバー………………… 66
ドライヤー………………… 57
トラック…………………… 69
トランプ…………………… 62
トランポリン……………… 79
トランポリン（器具） …… 63
トランポリン（小） ……… 79
鳥 ………………………… 23
鳥居………………………… 72
取る………………………… 32
どれ？……………………… 45
ドレッシング……………… 54
どんど焼き………………… 78
トンネル…………………… 70
トンボ……………………… 23
丼物………………………… 47

な

ない………………………… 28
内科検診…………………… 86
泣いている子に話しかける 36
泣いている子の話を聞く… 36
ナイフ……………………… 64
ナイフとフォークの持ち方 30
長い………………………… 28
長靴………………………… 57
長崎県……………………… 75
流し………………………… 82
長野県……………………… 74
泣く………………………… 25
投げる……………………… 33
名古屋城…………………… 72
梨 ………………………… 50
なす………………………… 49
夏 ………………………… 78
納豆（パック） ………… 53
納豆（ワラ） …………… 53
夏服（1） ……………… 59
夏服（2） ……………… 59
夏休み……………………… 85
なに？……………………… 45
何する？…………………… 45
鍋 ………………………… 64
鍋物………………………… 47

ナマズ……………………… 22
習い事・塾………………… 71
奈良県……………………… 75
並ぶ………………………… 39
並ぶ（整列する）…………… 39
並べる……………………… 34
なるほど…………………… 44
縄跳び……………………… 80
何歳ですか？……………… 45
南部せんべい……………… 51
軟便………………………… 90

に

新潟県……………………… 74
苦い………………………… 25
肉 ………………………… 53
肉まん……………………… 48
逃げる……………………… 41
虹 ………………………… 76
二次会……………………… 81
日時と年中行事…………… 77
日曜日……………………… 77
日曜日（休日） …………… 77
ニット帽…………………… 57
日本………………………… 74
日本国旗…………………… 74
入院する…………………… 94
入学式……………………… 85
ニュース…………………… 96
尿をコップに採る………… 89
尿を容器に採る…………… 89
にらめっこ………………… 81
庭 ………………………… 55
ニワトリ…………………… 23
にんじん…………………… 49
ニンテンドーDS ………… 62

ぬ

ぬいぐるみ………………… 63
縫う………………………… 37
脱ぐ………………………… 31
脱ぐ（靴下を） …………… 32
脱ぐ（靴を） ……………… 32
布を染める………………… 40
ぬり絵……………………… 62
濡れた……………………… 29

ね

根 ………………………… 23
ねぎ………………………… 49
ネクタイ…………………… 57
猫 ………………………… 21
ねじ………………………… 66
ネズミ……………………… 21
熱がある（1） …………… 27
熱がある（2） …………… 27
眠い（女子） ……………… 26
眠い（男子） ……………… 26
眠れない…………………… 26
寝る………………………… 31
寝る（布団で） …………… 34
寝る（ベッドで）………… 34
捻挫………………………… 94
粘土………………………… 67
粘土工作…………………… 80
粘土ベラ…………………… 67

の

農家………………………… 20
農耕………………………… 84
ノート（1） ……………… 60
ノート（2） ……………… 60
ノートパソコン…………… 56
のこぎり…………………… 66
ノックする………………… 37
喉 ………………………… 21
喉が痛い…………………… 27
喉が渇いた………………… 26
のぼり棒…………………… 80
上る（階段を） …………… 32
上る（台に） ……………… 32
上る（段差を） …………… 34
飲み物……………………… 52
飲み物（総称） …………… 52
飲む………………………… 30
飲む（ペットボトル飲料） … 30
海苔………………………… 53
のり………………………… 61
乗り物……………………… 69
のりをつける……………… 40
乗る………………………… 32

は

歯 ………………………… 20
葉 ………………………… 23
パー（じゃんけん）……… 81
はい………………………… 28
背筋トレーニング………… 79
バイク……………………… 69
灰皿………………………… 67
配膳する…………………… 37
ハイタッチ………………… 44
パイナップル……………… 50
排尿失敗（1）（男子）…… 39
排尿失敗（2）（男子）…… 39
排尿成功（男子） ………… 39
排尿・排便する（1）（女子） 38
排尿・排便する（1）（男子） 38
排尿・排便する（2）（女子） 39
排尿・排便する（2）（男子） 38
排尿・排便する（3）（男子） 38
排尿・排便する（4）（男子） 38
排尿・排便する（5）（男子） 38
排尿・排便する（6）（男子） 38
パイプいす（1） ………… 56
パイプいす（2） ………… 56
排便（お尻を拭く・男子） … 39
排便（姿勢） ……………… 38
排便（はみ出しウンチを拭く） 39
排便（水を流す）………… 39
入る………………………… 32
パイロット………………… 19
パウンドケーキ…………… 51
ハエ………………………… 23
墓 ………………………… 73
歯が痛い…………………… 27
ハガキ……………………… 61
博多とんこつラーメン…… 48
歯が抜ける………………… 92
墓参り……………………… 78
はかり……………………… 64
吐き気がする……………… 27
拭く………………………… 37
履く（靴下を） …………… 32
履く（靴を） ……………… 32
白菜………………………… 49
拍手する…………………… 36
バケツ……………………… 66
バケツに水を入れる……… 38
運ぶ………………………… 37
バザー……………………… 81
バザー品…………………… 81
ハサミ……………………… 61
ハサミの持ち方…………… 40
ハサミの渡し方…………… 40
箸 ………………………… 64
橋 ………………………… 70
箸の持ち方（上の箸だけ動かす） 30
箸の持ち方（箸を1本だけ持つ） 30
箸の持ち方（箸を2本持つ）… 30

端島…………………………… 72
はじめの言葉……………… 85
パジャマ…………………… 57
走る………………………… 31
箸をくわえる……………… 30
箸を向ける………………… 30
バス………………………… 69
バスケットボール………… 79
バスケットボール（ボール） 62
恥ずかしい………………… 26
バス停……………………… 70
バスに乗り遅れる………… 41
バスの運転手……………… 19
パズル……………………… 62
はずれ……………………… 29
パソコン…………………… 56
バター……………………… 54
バタートースト…………… 46
はたき……………………… 66
はたき掃除をする………… 38
畑 ………………………… 74
肌の調子がいい…………… 27
旗拾い……………………… 85
旗拾い（ゴールする）……… 85
旗拾い（旗を持って走る）… 85
旗拾い（旗を拾う）………… 85
働く………………………… 37
ハチ………………………… 23
×（バツ） ………………… 28
ハット……………………… 57
バット……………………… 62
法被（1） ………………… 58
法被（2） ………………… 58
発表する…………………… 42
ハト………………………… 23
パトカー…………………… 69
鼻 ………………………… 20
花 ………………………… 23
話している人の方を見る… 36
話す………………………… 30
鼻と口をマスクで覆う…… 94
バナナ……………………… 50
花火………………………… 81
花見………………………… 78
鼻水………………………… 27
鼻をかむ…………………… 35
鼻を拭く…………………… 35
鼻を見せる………………… 88
パニックを起こしている（女子） 27
パニックを起こしている（男子） 27
歯の仕上げ磨き…………… 94
母の日……………………… 78
歯ブラシ…………………… 65
歯ブラシ鉛筆持ち………… 34
歯ブラシとコップ（1） … 65
歯ブラシとコップ（2） … 65
歯ブラシと歯磨き粉……… 65
歯ブラシを水につける…… 34
パプリカ（赤） …………… 49
パプリカ（黄） …………… 49
浜名湖……………………… 72
歯磨き粉…………………… 65
歯磨き手順(1)（女子）…………… 93
歯磨き手順(1)（女子・歯ブラシあり・印あり） 93
歯磨き手順(1)（女子・歯ブラシあり・印なし） 94
歯磨き手順(1)（男子）…………… 92
歯磨き手順(1)（男子・歯ブラシあり・印あり） 93
歯磨き手順(1)（男子・歯ブラシあり・印なし） 93
歯磨き手順(2)（女子）…………… 93
歯磨き手順(2)（女子・歯ブラシあり・印あり） 93
歯磨き手順(2)（女子・歯ブラシあり・印なし） 94
歯磨き手順(2)（男子）…………… 92
歯磨き手順(2)（男子・歯ブラシあり・印あり） 93
歯磨き手順(2)（男子・歯ブラシあり・印なし） 93
歯磨き手順(3)（女子）…………… 93
歯磨き手順(3)（女子・歯ブラシあり・印あり） 93
歯磨き手順(3)（女子・歯ブラシあり・印なし） 94
歯磨き手順(3)（男子）…………… 92
歯磨き手順(3)（男子・歯ブラシあり・印あり） 93
歯磨き手順(3)（男子・歯ブラシあり・印なし） 93
歯磨き手順(4)（女子）…………… 93
歯磨き手順(4)（女子・歯ブラシあり・印あり） 93
歯磨き手順(4)（女子・歯ブラシあり・印なし） 94
歯磨き手順(4)（男子）…………… 92
歯磨き手順(4)（男子・歯ブラシあり・印あり） 93
歯磨き手順(4)（男子・歯ブラシあり・印なし） 93
歯磨き手順(5)（女子）…………… 93
歯磨き手順(5)（女子・歯ブラシあり・印あり） 93
歯磨き手順(5)（女子・歯ブラシあり・印なし） 94
歯磨き手順(5)（男子）…………… 93
歯磨き手順(5)（男子・歯ブラシあり・印あり） 93
歯磨き手順(5)（男子・歯ブラシあり・印なし） 93
歯磨き手順(6)（女子）…………… 93
歯磨き手順(6)（女子・歯ブラシあり・印あり） 93
歯磨き手順(6)（女子・歯ブラシあり・印なし） 94
歯磨き手順(6)（男子）…………… 93
歯磨き手順(6)（男子・歯ブラシあり・印あり） 93
歯磨き手順(6)（男子・歯ブラシあり・印なし） 93
歯磨き手順(7)（女子）…………… 93
歯磨き手順(7)（女子・歯ブラシあり・印あり） 93
歯磨き手順(7)（女子・歯ブラシあり・印なし） 94
歯磨き手順(7)（男子）…………… 93
歯磨き手順(7)（男子・歯ブラシあり・印あり） 93
歯磨き手順(7)（男子・歯ブラシあり・印なし） 93
歯磨き手順(8)（女子）…………… 93
歯磨き手順(8)（女子・歯ブラシあり・印あり） 93
歯磨き手順(8)（女子・歯ブラシあり・印なし） 94
歯磨き手順(8)（男子）…………… 93
歯磨き手順(8)（男子・歯ブラシあり・印あり） 93
歯磨き手順(8)（男子・歯ブラシあり・印なし） 93
歯磨き用コップ…………… 65
速い………………………… 29
腹 ………………………… 21
ばら………………………… 24
パラシュートバルーン…… 80
針 ………………………… 66
貼る………………………… 40
春 ………………………… 78
春秋服（1） ……………… 58
春秋服（2） ……………… 58
春秋服（3） ……………… 58
春秋服（4） ……………… 59
春休み……………………… 85
腫れ………………………… 94
バレーボール……………… 79
バレーボール（ボール） … 62
晴れ・太陽………………… 75
バレンタインデー………… 78
ハロウィン………………… 78
歯を閉じる（いー） ……… 43
歯を磨く…………………… 34
パン………………………… 46
ハンカチ（1） …………… 59
ハンカチ（2） …………… 59
ハンカチのたたみ方（1） 35
ハンカチのたたみ方（2） 35
ハンカチのたたみ方（3） 35
ハンカチを口に当てる…… 41
バンズ……………………… 46
絆創膏……………………… 66
絆創膏を貼る……………… 90
パンダ……………………… 22
パンツ……………………… 57
パンツをはく（女子） …… 89
パンツをはく（男子） …… 89
ハンドベル（1） ………… 63
ハンドベル（2） ………… 63
ハンドベルの鳴らし方…… 42
ハンドベルの持ち方(1)（1つ） 42
ハンドベルの持ち方(1)（2つ） 42

ハンドベルの持ち方（2）(1つ) 42
ハンドベルの持ち方（2）(2つ) 42
ハンドミキサー…… 64
ハンバーガー…… 47
ハンバーグ…… 47
パン箱…… 83
パン屋…… 70

ひ

火 …… 67
ピーナッツ…… 50
ピーマン…… 49
ピーラー…… 64
ビール…… 52
鼻鏡…… 88
鼻鏡を入れる（左）…… 88
鼻鏡を入れる（右）…… 88
引く…… 32
ひく…… 96
低い…… 28
ひげ…… 21
髭剃り…… 65
ひげを剃る…… 34
飛行機…… 69
ピコピコハンマー…… 63
膝 …… 21
ピザ…… 47
ピザトースト…… 46
ひじ…… 21
菱餅…… 78
非接触型体温測定（測定する） 87
非接触型体温測定（見せる） 87
非接触体温計…… 87
左 …… 28
左耳を見せる…… 88
引越し…… 43
羊 …… 21
ひつまぶし…… 48
ビデオテープ…… 56
ビデオデッキ…… 56
人・動植物…… 18
避難訓練…… 84
ビニール袋…… 67
被服…… 84
ひまわり…… 24
ひも・ロープ…… 66
病院…… 71
表現する…… 42
兵庫県…… 74
美容師（女性）…… 19
美容師（男性）…… 19
平仮名…… 95
ピラニア…… 22
昼 …… 77
昼ごはん…… 46
昼寝する…… 34
広い…… 28
拾う…… 32
広島県…… 75
ビンゴ…… 62
便せん…… 61

ふ

ファイリング…… 61
ファックス…… 56
ファンヒーター…… 57
風船…… 63
封筒…… 61
プール…… 83
プールに落とす…… 41
プールに飛び込む（1）… 41
プールに飛び込む（2）… 41
プールに入る…… 41
フェルトペン…… 60
フォーク…… 64
吹く…… 33
フグ…… 22
福井県…… 74
腹囲を測る…… 86
福岡県…… 75
福祉車両…… 69
福島県…… 74
服を着る…… 31
服を着る…… 88
服を脱衣かごに入れる…… 88
服を脱ぐ…… 31
服を脱ぐ…… 88
付せん…… 61
豚 …… 21
蓋の付いたゴミ箱に捨てる 94
二人トレーニング（1）… 79
二人トレーニング（2）… 79
普通便…… 90
ぶつかる…… 39
筆（絵画用）…… 61
筆（習字用）…… 61
筆箱…… 61
太い…… 28
ぶどう（1）…… 50
ぶどう（2）…… 50
太っている…… 29
太巻き…… 47
布団…… 56
フナ…… 22
船 …… 69
踏切…… 70
冬 …… 78
冬服（1）…… 59
冬服（2）…… 59
冬休み…… 85
冬用の帽子をかぶる…… 31
冬用帽子…… 57
フライ返し…… 64
フライドチキン…… 48
フライドポテト（1）…… 48
フライドポテト（2）…… 48
フライパン…… 64
ブラシ…… 65
ブラジャー…… 57
プラットホーム…… 70
フラフープ…… 62
フラフープ跳び…… 80
フラフープを回す…… 79
プランク…… 79
ブランコ…… 72
ブランコを押す…… 80
ブランコを押す（強く）… 80
ふりかけ…… 54
プリン（1）…… 51
プリン（2）…… 51
プリンタ…… 56
プリントを配る…… 42
古い…… 29
プレイルーム…… 82
ブレザー（女子）…… 58
ブレザー（男子）…… 58
触れる…… 33
風呂…… 55
風呂（女子）…… 73
風呂掃除をする…… 37
風呂（男子）…… 73
ブロッコリー…… 49
風呂に飛び込む…… 33
風呂に入る…… 33
文化祭…… 84
文化・社会…… 77
文化ちりとり…… 66
文具…… 60

へ

平均台……63
平均台を渡る……79
ベーグル……46
へぎ蕎麦……47
ベッド……56
ペットボトル飲料……52
ペットボトル飲料（お茶）…52
ペットボトル飲料（炭酸飲料）53
ヘッドホン……56
ヘビ……22
ヘリコプター……69
ベルト……57
ヘルメット……58
ヘルメットをかぶる……39
便意……90
勉強する……36
ペンギン……23
返事をする（女子）……45
返事をする（男子）……45
ベンチ……72
ペンチ……67
便秘……90
ペンライト……88

ほ

保育士……19
ほうき……66
放送室……82
包帯……66
包帯を巻く……94
包丁……64
包丁の切り方（1）……30
包丁の切り方（2）……30
包丁の持ち方（1）……30
包丁の持ち方（2）……30
防犯ブザーを鳴らす……43
訪問リハビリ……95
ボウリング……62
ボウリング……79
ボウリングのピン……62
ボウリングのボール……62
ボウル……64
ポーチ……60
ボールペン……60
ホールボディカウンター（座位）89
ホールボディカウンター（立位）89
牧場……74
ポケットティッシュ……59
保健室……82
歩行者用信号機……70
歩行者用信号機（青）……70
歩行者用信号機（赤）……70
保護者代表挨拶（女性）…86
保護者代表挨拶（男性）…86
星（1）……75
星（2）……75
欲しい……26
干しいも……51
乾しいたけ……53
干す……38
ポスト……73
ボストンバッグ……59
細い……28
ボタン……66
ボタンを通す……32
北海道（1）……74
北海道（2）……74
ホッチキス……61
ポット……64
ホットケーキ……51
ポップコーン……48
ポッポ焼き……51
ボディーソープ……65
ポテトチップス……51
骨……21
頬……20
褒める……37
掘る……37
ホワイトデー……78
ホワイトボード（移動式）61
ホワイトボード（壁掛け式）61
ホワイトボードマーカー…61
本……60
本州……74
本屋……71

ま

マーカーペン……60
前……28
前へならえ（1）……39
前へならえ（2）……39
枕……56
負ける……29
マシュマロ……51
マシュマロ焼き……80
不味い……25
マスク……58
マスクのゴム紐の部分だけを持つ……94
マスクのゴム紐を耳にかける 94
マスクを隙間がないように覆う……94
マスクをつける……94
混ぜる……37
街……70
街・施設……70
松……24
待つ……37
松坂牛……53
抹茶ゼリー……51
マット運動……79
松葉杖（1本）……94
松葉杖（2本）……94
窓……55
まな板……64
まぶしい……27
マフラー……57
豆まき……78
マヨネーズ……54
マラソン（1）……79
マラソン（2）……79
○（マル）……28
マンガ……62
満足している……25

み

三重県……74
みかん（1）……50
みかん（2）……50
右……28
ミキサー……64
右耳を見せる……88
短い……28
短い箒の使い方（1）……38
短い箒の使い方（2）……38
身じたく用品・健康用品…65
ミシン……56
水……52
水着……58
水着（女子）……58
水着（男子）……58
水着で歩く……41
水着で転ぶ……41
水着で走る……41
水で泡を流す……34
水で手を濡らす……33
水を入れる……34

水を吐き出す…… 34
水をやる…… 37
店 …… 70
みそ…… 54
みそカツ…… 48
みそ煮込みうどん…… 47
道の駅…… 71
見つからない…… 29
ミニカー…… 63
ミニカーで遊ぶ…… 43
耳 …… 20
耳鳴り…… 27
宮城県…… 74
宮崎県…… 75
見る…… 30
ミルメーク…… 52
みんなでマスクをつける… 94

む

麦茶（ウーロン茶）…… 52
虫歯…… 27
難しい…… 26
結ぶ…… 33
ムツゴロウ…… 22
胸 …… 21

め

目 …… 20
夫婦岩…… 72
メガネ…… 59
メガネをかける（女子） … 36
メガネをかける（男子） … 35
目薬（1） …… 65
目薬（2） …… 65
目薬をさす（1） …… 90
目薬をさす（2） …… 90
目印の場所に行く…… 42
目印の場所に立つ…… 42
メダカ…… 22
目玉焼き…… 47
目玉焼きトースト…… 46
目と口を開く…… 42
メニュー…… 65
目のかゆみ…… 27
めまい…… 27
メロン…… 50
目を洗う…… 90
目を閉じて息を止める…… 43
目を閉じる…… 43
明太子…… 53
綿で拭く…… 90
めん棒（1） …… 64
めん棒（2） …… 64
めん棒で伸ばす（1） …… 37
めん棒で伸ばす（2） …… 37

も

もう一度…… 44
もういりません…… 44
毛布…… 56
木曜日…… 77
餅 …… 46
持ち上げる…… 43
餅つき（1） …… 80
餅つき（2） …… 80
木琴…… 63
木工…… 84
もっと…… 45
もつ鍋…… 48
モップ（1） …… 66
モップ（2） …… 66
モップをかける（女子） … 38
モップをかける（男子） … 38
物の渡し方（顔を向ける）… 43
物の渡し方（両手で持つ）… 43
もみじ…… 24
桃 …… 50
燃やす…… 36
もらう…… 31
森 …… 73
盛岡冷麺…… 47

や

やかん…… 64
山羊…… 21
焼きイカ…… 48
焼きイカ（パック入り） …… 48
焼き芋…… 48
焼きいも…… 80
焼きそば…… 47
焼きそば（パック入り） …… 47
焼きだんご…… 51
焼きとうもろこし…… 48
焼肉…… 47
野球…… 78
野球ボール…… 62
役所・市役所…… 71
約束する…… 39
やぐら（昼） …… 81
やぐら（夜） …… 81
野菜…… 49
野菜炒め…… 48
優しい…… 26
易しい…… 26
休み時間（1） …… 84
休み時間（2） …… 84
休む（休憩する・女子） …… 33
休む（休憩する・男子） …… 33
休む（眠る） …… 33
やせうま…… 51
やせている…… 29
薬局…… 71
やってもいい？…… 45
山 …… 73
山形県…… 74
山口県…… 75
山梨県…… 74
やめて…… 26
やめてください（嫌） …… 45
ヤリイカ…… 53
やわらかい…… 29

ゆ

夕 …… 77
郵便局…… 70
遊園地…… 71
夕ごはん…… 46
郵便受け…… 55
郵便を出す…… 37
夕焼け…… 76
浴衣を着る…… 32
雪 …… 75
雪合戦…… 80
雪だるま…… 80
ゆっくり息を吸う…… 43
ゆでたまご…… 47
ゆでる…… 30
指 …… 21
指差す…… 33
指の間を洗う…… 33
指の間を洗う（泡あり） … 33
夢を見る…… 34
ゆり…… 24
湯を沸かす…… 30

よ

養護教諭…… 19
幼稚園・保育園…… 71
腰痛…… 94
洋梨…… 50

洋服屋…… 70
ヨーグルト…… 51
ヨーヨー風船…… 63
ヨガのポーズ…… 79
吉野ヶ里遺跡…… 72
よつばい…… 42
四葉のクローバー…… 24
予定表…… 83
呼ぶ…… 37
予防接種…… 87
予防接種（あとを押さえる） 87
予防接種（腕を出す）…… 87
読み上げ…… 96
読み聞かせ…… 81
読む…… 36
夜 …… 77

ら

ラーメン…… 47
ライオン…… 22
来賓祝辞・祝電披露…… 86
ラクダ…… 22
ラジオ…… 56
らっきょう…… 49
ラッコ…… 22
ラムネ…… 52
ランチルーム…… 82
ランドセル（赤） …… 59
ランドセル（黒） …… 59
ランドルト環指差し（上） 87
ランドルト環指差し（下） 87
ランドルト環指差し（左） 87
ランドルト環指差し（右） 87

り

理科…… 83
理学療法士（PT） …… 19
陸 …… 73
リコーダー…… 63
リコーダーの姿勢（1） … 42
リコーダーの姿勢（2） … 42
離任式…… 85
リフトに乗る…… 43
リボン…… 60
リモコン…… 56
流星…… 75
理由を伝える…… 42
リュックサック…… 59
両替する…… 43
漁師…… 20
両親…… 18
料理…… 46
料理をする…… 37
リレー…… 85
りんご…… 50
りんごあめ…… 51
りんごジュース（短パック） 52
りんごジュース（長パック） 52
リンス…… 65
リンスを手にとる…… 40

る

留守番をする…… 37

れ

礼（お辞儀）をする …… 36
冷却シートを貼る…… 90
冷却枕…… 90
冷却枕を使う…… 90
冷蔵庫…… 56
レジ（会計） …… 73
レストラン…… 70
レタス…… 49
レモン…… 50
レントゲン検査…… 86
レントゲン車から降りる… 86
レントゲン車に乗る…… 86
連絡帳…… 60

ろ

廊下…… 55
ろうそく…… 67
ロールパン…… 46
ロッカー…… 82
露店（1） …… 81
露店（2） …… 81

わ

ワイン…… 52
わかめ…… 53
和歌山県…… 75
わからない…… 26
わかる（1） …… 36
わかる（2）（わかった） … 36
ワクワクする…… 25
分ける…… 34
輪ゴム…… 61
和式トイレ（1） …… 55
和式トイレ（2） …… 55
和食…… 46
忘れ物に気づく…… 42
忘れる…… 42
綿あめ…… 51
わたし…… 18
わたしたち…… 18
わたしの名前は…… 45
わたしのばん…… 29
笑う…… 25
割り勘…… 81
わる…… 96
割れる…… 34
わんこそば…… 47

DROPS

コミュニケーションシンボル「ドロップス」が生まれるまで

シンボルを用いたAAC手段の歴史概観

青木高光

1　人工言語「NSL」の時代（1980年代後期）

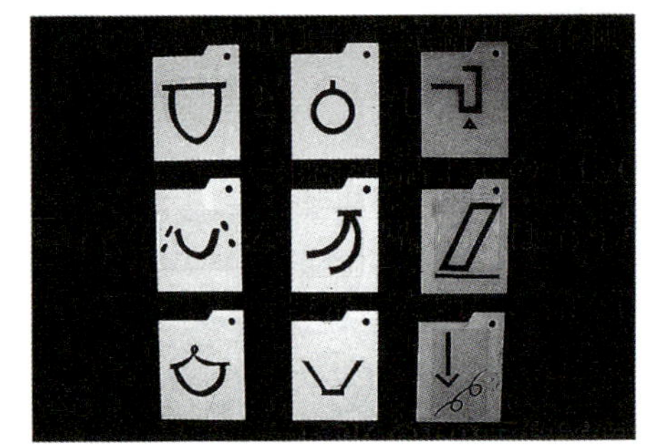

図1　NSL

ドロップレット・プロジェクトの代表である私は、大学で特別支援教育（当時は特殊教育）を専攻し、そこでASD児のコミュニケーションにシンボルを活用する研究を行っていました。当時はAACという言葉はまだ一般的ではなかったので、音声言語の習得を訓練するのではなく、他の手段で代替するという考え方やアプローチはとても新鮮でした。そこで使われていたのが、所属していたゼミの小島哲也教授が中心になって開発した人工言語「NSL」でした（図1：NSL）。当時のNSLはまだ基本的に手描きで、厚紙やプラスチック板に印刷して使用していました。発語のない子が、シンボルを1つ選んで単語で伝えたり、並べて2語文・3語文を作ったりといった方法でコミュニケーションする訓練が行われていました。

視覚的な情報であるNSLに、聴覚的な情報である機械音声を組み合わせて、複数のモードでコミュニケーションを取る方法も当時から模索されていました。その際に使われたのがナムコ（現バンダイナムコ）のVOCA「トーキングエイド」でした。トーキングエイドは基本的には五十音の文字盤で文章をつくる仕組みですが、五十音の一つ一つに単語を登録できる機能がありました。ひらがなの上にシンボル画像を描き込んだレイヤーシートを貼り、シンボルを押すと単語が再生されるように設定し、コミュニケーションに使っていました。利用するお子さんの自宅にトーキングエイドを置かせてもらい、日常生活の中でコミュニケーション場面を設定し、そのやりとりを記録・分析しました。当時国内で簡単に入手できるVOCAはトーキングエイドくらいしかありませんでしたので、このような工夫をして「シンボル用VOCA」として使っていたわけです。

図2　VOCA-NSL1

卒業間近になって教授が研究費を獲得したので、シンボルコミュニケーションに特化した理想のVOCAを作ろうということになりました。その試作品はVOCA-NSL1という名称で、以下のような画期的な機能がありました。（図2：VOCA-NSL1）

(1) 自然音声を簡単な操作で多数録音できる

当時はコンピュータ機器用のメモリーが高価だったため、自然音声を録音して使うタイプのVOCAのほとんどは、録音時間が非常に短かく、音質も良くありませんでした。VOCA-NSL1は高品質な録音できるよう、豊富な内蔵メモリと高品質なサンプリング機能（自然音声をデジタル化する機能）を有していました。また、一度に24語のシンボルと音声を並べて使うことができました。

(2) 本体内に使用記録を残せる

コミュニケーションの研究においては、どんな語彙をいつ使ったかという記録がとても大切です。その情報を本体に残せる機能を搭載しました（前述のトーキングエイドでは、専用のプリンターを接続して、リアルタイムで印刷する以外に記録方法がありませんでした）。VOCA-NSL1は1,000回分の使用データが記録でき、外部ディスクへの保存もできました。今となってはソフトウェアで簡単に実現できる機能ですが、当時はこのようなことができるVOCAは他にありませんでした。

2 PC用ソフトウェア「PICOT」の時代（1990年代前期）

VOCA-NSL1は研究のために開発されたいわゆる一点物だったので、量産はされませんでした。しかし、今後求められるであろうVOCAのリファレンスモデルを提案したという意味で、重要な存在だったと思います。その後ドロップレット・プロジェクトが開発するVOCAは、全てVOCA-NSL1を原型として進化していったと言って良いでしょう。それらの開発過程でシンボルを用いたコミュニケーションに関する様々な知見を積み上げることができました。

私は卒業後も、定期的に大学に行きコミュニケーションに関する研究に関わっていました。並行して個人的に、Apple社のMacintoshでソフトウェアVOCAの試作を開始しました。当時のMacにはハイパーカードというソフトウェアが無料で添付されていました。ハイパーカードは、いわゆるオーサリングソフトで、文字や絵やボタンを自由に配置できました。慣れればアニメーションやデータベースが簡単に作れましたし、優秀なプログラミング言語を内蔵していたので、工夫次第で様々なことができました。しかし私自身は「なんでもできる」と言われても、正直最初は何に使えば良いのかさっぱりわかりませんでした。そこでまずはVOCA-NSL1のような物をハイパーカード上で再現してみよう、と考えました。とはいえいくらハイパーカードでも、VOCAソフトウェアをすぐに作れるというわけではありませんでした。というのも、まず当時のほとんどのPCは音声の録音や再生はできませんでした。音楽制作に強いというMacでさえも、音声の入力機能は標準ではありませんでした。当時はマイクさえ内蔵されていなかったのです。

しかし、調べてみるとMacには英文を読み上げるための音声データ（スピーチシンセサイザー）が最初から内蔵されていることがわかりました。しかもそれをハイパーカードのプログラミング言語を使って呼び出すこともできるようです。そこで私は、英語用の音素をつなげて、日本語的な音声を読み上げるさせる方法を思いつきました。日本語の音素と英語の音素の対応表を作り、プログラムに組み込みました。こうして、ハイパーカード上でひらがなを入力すると、少々たどたどしくですが、Macが日本語を読み上げるという仕組みを作り上げました。

さらに主なNSLをアイコン描画機能を使ってボタンにして、基本的なシンボルVOCAの仕組みを作りました。大きな枠の中にマウスで絵を描くと、自動的に縮小してシンボルを作成してくれる機能や、使用記録機能も付け足しました。こうして出来上がったソフトウェアを大学に持っていったところ、教授から「これは面白い。研究やSTの現場で使えるものになる」と評価されました。そこで試作品をブラッシュアップし、AAC研究の知見や、言語指導の現場からの意見などを取り入れてVOCAソフトウェア「PICOT」(Pictrial Communication Tool) ができあがりました（図3：PICOT)。その画面構成を見るだけでも、およそ現在のドロップタップと似たようなことができることがおわかりいただけるでしょう。

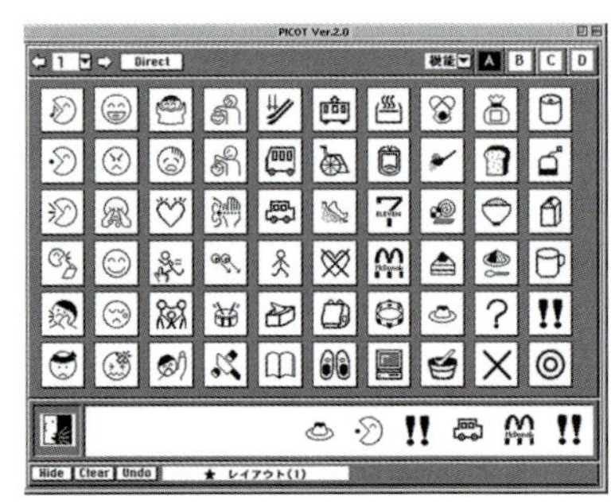

図3　PICOT

3　ウェブ時代と「PICOTシンボル」の誕生（1990年代後期～2000年代前期）

幸いPICOTは、主にSTの方々に高い評価をいただき、様々な現場で活用されました。しかし、Macにしか対応していなかったので、多くの人からの要望を受け、他のOSでも動くVOCAを作ることになりました。1990年代後半は、急速にインターネットが社会に浸透し始めた時期で、ウェブサイト上でアプリケーションを動かす仕組み、いわゆるWebアプリの可能性が見えてきた時代でした。そこで機種やOSを問わずにWeb上で動くアプリとして「PICOT on Web」が開発されました（図4：PICOT on Web)。まだWiFiを用いた常時接続が浸透する前なので、これを機

図4　PICOT on Web

にカラー画面に対応した、新たなシンボルライブラリーを作ることになりました。そのために開発されたのが、後に「PICOT シンボル」と呼ばれるようになるシンボル集です（図 5：PICOT シンボル）。

図 5　PICOT シンボル

当時日本には、まとまった数のシンボルライブラリーが存在しておらず、主にアメリカの PCS（Picture Communication Symbols）やカナダの PIC（Pictogram Ideogram Communication）など、海外で開発されたシンボルが使われていました。もちろんそれらのシンボルは語彙の豊富さや視認性の良さ、弁別性の高さなどが評価されていたわけですが、日本人が必要とするシンボルが揃っていたわけではありません。もちろん勝手にシンボルを修正したり増やしたりもできません。PICOT on Web のシステムに搭載するためには、私たち独自のシンボルを新たに開発する必要がありました。PICOT は親しみやすくわかりやすいデザインであること、日本独自の文化、特に学校現場で必要とされる語彙が数多くシンボル化されていること、さらに最初から 1,000 語を超える豊富な語彙数を揃えたことで好評を得ました。

PICOT シンボルは前述のように「PICOT on Web」に搭載するために開発されたのですが、それと切り離して、単独でも絵カードによるコミュニケーションや視覚支援に十分活用できるクオリティになりました。そこで、シンボルを冊子としてまとめた「PICOT コミュニケーションブック」を出版し、これも好評をもって迎えられました。

さらに 2005 年に長野市を中心に開かれたスペシャルオリンピックス冬季世界大会の公式コミュニケーションブックの絵記号としても採用され、大会に参加した選手やボランティアのコミュニケーションツールとして活用されました。スペシャルオリンピックスの会場で、日本だけでなく海外の障害のあるアスリートとのコミュニケーションにも役立ったことから、PICOT は国際的なコミュニケーションツールとして使えることが証明されました。この PICOT の全シンボルをデザインしたのが、現在のドロップスのデザイナー竹内奏子さんです。竹内さんのデザイン力は当時すでに大きな評価を得ていたのです。

4　携帯端末の台頭と「PICOT」の終焉（2000 年代後期）

PICOT シンボルに注目が集まる中、当時携帯電話における障害者向け機能の充実を目指していたドコモ社から協力の依頼を受け、PICOT on WEB の機能を携帯電話上で実現するプロジェクトが立ち上がりました。PCの性能が大幅に向上してきたとはいえ、まだまだPC上のVOCAソフトウェアに音声や画像を入れるのは手間がかかる作業でした。しかしカメラやネット接続機能を内蔵し、音声や画像表示が柔軟にできる携帯電話は、それ1台で完結して各種メディアを統合できる、VOCAにとって理想のプラットフォームと言えました。

携帯電話上でのPICOTシステムの開発や実証実験は十分な成功を収めましたが、残念ながら製品化には至りませんでした。そして、携帯電話上でのPICOTシステムの開発が一段落した頃に、徐々に以下のようなPICOTの限界が明らかになっていました。

① PICOTの画像解像度では、PCや携帯が扱う画像データの急速な高解像度化に対応できなくなった

② PICOTは著作権保護のためにデジタルデータの配布がされておらず、ユーザーが自由に編集できない

PICOTの解像度は縦横128ドットで描画されており、すでに設計の古さが露呈しつつありました。プリンターで大きめの紙に印刷すると、線の荒さが目立ちました。またPICOTは大学の研究会を母体に発足したNPOが著作権管理を行うことになったため、デジタルデータでの配布は行われませんでした。なんと製作者である私たちですらデータを自由に編集・再配布できないというジレンマに陥ることになりました。教師にとっては、データで手に入らない物は、教材作りなどに使うことは困難です。これらの課題を感じていた竹内さんと私がPICOTのプロジェクトから離脱したことで、新しいシンボルが追加されなくなり、更にはVOCA製作の指揮を取る者がいなくなったことで、数年後にPICOTは終焉を迎えることになります。

最後に私たちが参加したPICOTに関する仕事は、2007年に発売されたドコモの「らくらくホンⅣ」です。ここにはPICOTシステムを応用したアプリケーションがインストールされました。新たに開発されたペン型スキャナで専用の「PICOTブック」のシンボルをタッチすると、自動的に携帯電話に文字が入力されて、知的障害のある方でも簡単にメールが送れるものでした。この仕組みは、目に見えない小ささのドットがPICOTのイラストに重ねて印刷されており、スキャナがそれを読み取ることで実現している物です。このドットコードという技術は「らくらくホンⅣ」とPICOTのシステムで最初に商品化されました。そのために新たにベンチャー企業も興され、それが現在のグリッドマーク社です。「らくらくホンⅣ」以降もドットコードの活用は様々な学習教材に広がっていることはみなさんご存知でしょう。読み困難のお子さんにとっても便利なツールである「音声ペン」の誕生には、実はドロップレット・プロジェクトが関わっていたのです。他にもいくつか携帯電話や PDA 用の VOCA を試みた会社や研究グループはありましたが、大きな成果を上げたものはあまりなく、そもそも情報携帯端末はあっという間にスマートフォンやタブレットにとって代わられました。そしてスマートフォンやタブレットで動く VOCA に関しても、国内でその先鞭をつけたのはドロップレット・プロジェクトでした。

5 「ドロップス」の誕生とスマートフォン時代の到来(2010 年代)

PICOT のプロジェクトから離れた私たちは、自由に配布できる新たなコミュニケーションシンボルを開発するためにドロップレット・プロジェクトを立ち上げました。2007 年末にはコミュニケーションシンボル「ドロップス」313 語のデザインが完了し、ネット上で無償公開を始めました。ドロップスの公開当初、私は様々な場所で「コミュニケーションシンボルは、それを使う人にとっては言語そのものだ。言語は無料でなくてはならない」と言ってきました。現在でもその考えに変わりはありません。幸いドロップスは竹内さんの尽力で、開発から 15 年の時を経てもまだ新たに語彙が追加され続けています。その大半を無料で公開し続けているのはそのような考え方に基づくものです。そして 2010 年には『視覚シンボルで楽々コミュニケーション』として書籍化され、続いて 2017 年に続編が刊行され、本書につながっていきます。

ドロップスの展開に並行して、携帯情報端末の主役に躍り出たスマートフォンやタブレットへの対応も進めてきました。その最初の成果が iPhone 用に開発したドロップトークで、2010 年に公開されました。iOS 用国産 VOCA アプリ第 1 号であり、PICOT から連綿と続く私たちの VOCA ソフトウェアのデザインと機能を踏襲しています。現在ドロップトークシリーズはドロップレット・プロジェクトの製品ではなくなっていますが、ほとんどの機能は私たちのアイディアであり、そのユーザーインターフェイスは、そもそもの祖先であるハイパーカードから続くカードメタファーになっています。ヴァージョン 2 からは、アプリ内でコミュニケーション機能に加えてスケジュール機能が付きました。この 2 種類の支援ツールがアプリ内で簡単作成でき、しかもその操作方法が統一されているという画期的な機能でした。このシンプルかつ強力な機能は、現在のドロップレット・プロジェクトのコミュニケーションアプリであるドロップタップにも受け継がれています（前段参照）。

ドロップタップは文科省が推進する GIGA スクール構想下で導入された iPad には無償で提供されています。本稿執筆時点で 83 万本が無償インストールされ、全国の小中学校、特別支援学校で活用されています。正確な集計データはありませんが、日本で最も普及しているコミュニケーション支援アプリであることはまず間違いないでしょう。

6 AAC 手段としての「ドロップス」

最後に私の研究領域であり、ドロップスが誕生する背景になったAACについて、大切なポイントを確認しておきたいと思います。

AACで用いられる「記号」は、一般に以下のように分類されます。

	音声系	非音声系
補助系	人工合成音声、デジタル処理音声	実物、ミニチュア、絵、写真、図形、文字
非補助系	スピーチ	視線、表情、ジェスチャー、手指サイン

簡単に言うと、補助系は何らかの道具を使うこと、非補助系は道具を使わずに身体から生成できるものです。このようにAAC手段には様々なものがあり、シンボルもその一つにすぎません。身振り手振り、表情やスピーチさえもAAC手段の一つなのです。そしてこれらの手段は、必ずしも単独で使われるとは限りません。

例えば、発語が困難で手指を動かすことも難しい子に対して、透明アクリル板に文字や絵を描き、視線で選択してもらうコミュニケーション方法があります。まだ視線を動かすことが難しい初期や、さっと簡単に意思を伝えたい時はシンボルのアクリル板を使い、より詳細な内容を伝える時はひらがな五十音のアクリル板を使うというように、複数の手段を使い分けることがあり得ることは容易に想像できるでしょう。AACにおいてはこのように様々な記号やツールを組み合わせて柔軟にコミュニケーションを取ることが重要です。

さらにもっと大事なのは手段そのものよりも、AACをどのような場面で導入し活用するか、その場面をどう設定するかです。当然のことながら、そもそもコミュニケーションは「相手」がいないと成立しません。先ほどの透明文字盤を使ったコミュニケーションは「読み手」がいないと成立しません。例えば学校で、子どもが透明文字盤を使ってやりとりをするのがいつも担任の教師だけだったとします。クラスメイトや他の教師よりも、担任教師が読み取り手になった方が圧倒的に早いので、このような状況は常態化することが多いのです。担任は察しが良いので、逆にそれがために対面の短いやり取りばかりになったり、先回りしての支援が増えてしまい、結果として本人の表出が減ってしまうかもしれません。また、同年代の子とのやり取りが減ってしまうことで、表現のバリエーションや年相応のやり取りの機会も減ってしまいます。コミュニケーションを支援する人は、それを他の人や場面にどうつなげていくかも考えてサポートする必要があるのです。それでなくても、特別支援学校には昔から「善意の代弁者」たる教師がたくさんいます。通りすがりに「こんにちは」と挨拶しても、スムーズに声が出ず、返事に時間がかかるお子さんがいます。そんな時隣にいる教師が代わりに「こんにちはー！」と元気に返事をしてしまうことがよくあります。そんなことをされたら、その子は「自分で返事をしようと思っていたのに」と、やる気を失ってしまうかもしれません。そして挨拶の声をかけた側も、その子の声を待っていたのに、大人に返事をされてしまっては嬉しくもなんともありません。コミュニケーションの相手を全て大人が行ったり代行したりしてしまうことで、その子の表出手段ややりとりの内容を狭めてしまう危険性に注意しなくてはならないのです。

ドロップスやドロップタップは、AACの考え方に基づき、今ある力で最大限の楽しいコミュニケーションができるようにと願って作られています。「コミュニケーション・コスト」という考え方があります。コミュニケーション行動を取るためのエネルギーが高ければ高いほど、そのコストに見合った利益が得られるようにするべき、という考えです。例えば発語が困難なだけではなく、自発的な行動自体が少ない子に対しては、その子の好きな食べ物・飲み物を用いて、要求行動を形成するところから始めるべき時があります。そのような場面でAAC手段を用いる際には「ジュース」のシンボルを指差すと即座に「ジュース」が得られるように「シンボルを選択し、指差す」という行動のコストに見合った利益がなくてはなりません。そういった報酬を心理学では「強化子」といいます。

しかし教育現場には、そのような外発的動機づけを、即物的な「ご褒美」として嫌う風土があります。それがために「トイレに行ってきます」や「喉が痛いです」といった報告をさせることをシンボルやVOCAで試みる教師がいます。しかしそれらはあまりうまくいきません。そういった内容を報告してほしいのは、多くの場合大人の都合であって、子どもにはほとんど利益がないからです。「今日の授業の感想」や「将来の夢」といったような子どもにとって漠然とした内容を叙述させようとするのも同様です。苦労して文字入力させた結果「今日は国語の授業が楽しかったです」と言わせるような、子どもにはなんの得もないという風景が学校ではよく見られます。これも一度教師の自己満足にすぎないのではないか、と振り返る必要があります。

子どもたちが伝えたいことはなんなのか。伝えたくなるようなことを体験させているのか。伝えてくれた希望に最大限応えているのか。応えてもらった、という喜びのある授業を作っているのか。そのような自問自答が絶対に必要なはずです。まずは楽しい授業、楽しいコミュニケーションの場をどう作り上げるのか。実際に使うツールを決めるのは、実はその後なのです。その子にとっての豊かで楽しい人生をどう作り上げるか。今と将来をつなぐ他者とのコミュニケーションの連続性をどう作り上げるか。それを指向し続ける限り、困難を抱える子にとってのツールの必要性が絶えることはありません。そのツールの一つとして、ドロップスが支援の助けになることを願っています。

著者紹介

青木高光（あおき・たかみつ）

学校法人西軽井沢学園 さやか星小学校 校長
NPO 法人ドロップレット・プロジェクト 代表
学生時代からAAC（補助代替コミュニケーション）の研究に取り組み、様々な視覚支援ツールや、AT 手段の開発に携わる。

著　書

- ドロップレット・プロジェクト（編）『視覚シンボルで楽々コミュニケーション　障害者の暮らしに役立つシンボル 1000』エンパワメント研究所 2010
- ドロップレット・プロジェクト（編）『視覚シンボルで楽々コミュニケーション２　障害者の暮らしに役立つシンボル New1000』エンパワメント研究所 2017
- 『絵で見てわかる！視覚支援のカード・教材 100　自分で「できる！」を楽しく増やす』学研プラス 2021 （共著）
- 『教室の中の視覚支援』明治図書 2024
- 『ことばの理解を支援する　ドロップス絵カード 100』合同出版 2024 （共著）

竹内奏子（たけうち・かなこ）

公立小学校 養護教諭
ドロップレット・プロジェクト シンボルデザイン担当
Drops のデザインだけでなく、特別支援に関わる様々なデザインを行っている。

著　書

- ドロップレット・プロジェクト（編）『視覚シンボルで楽々コミュニケーション　障害者の暮らしに役立つシンボル 1000』エンパワメント研究所 2010
- ドロップレット・プロジェクト（編）『視覚シンボルで楽々コミュニケーション２　障害者の暮らしに役立つシンボル New1000』エンパワメント研究所 2017
- 『絵で見てわかる！視覚支援のカード・教材 100　自分で「できる！」を楽しく増やす』学研プラス 2021 （共著）
- 『ことばの理解を支援する　ドロップス絵カード 100』合同出版 2024 （共著）

主なデザイン業績

- コミュニケーションシンボル「PICOT」1,267 語のデザイン
- NTT ドコモ社　障害者向け携帯電話用アイコンデザイン
- マイクロソフト社　『読むこと・書くことが苦手な子ども指導と支援チャート、「そうか！」チャート』のイラスト
- 『マジカルトイボックスの教材＆アイデア 100 連発』（金森克浩：編著）表紙担当
- 『こうすればできる！発達障害の子がいる保育園での集団づくり・クラスづくり』（福岡寿：著）　表紙、イラスト担当
- 『すぐに役立つ！発達障害の子がいる保育園での集団づくり・クラスづくり　Q＆A』（福岡寿：著）　表紙、イラスト担当
- 『学びにくさのある子への読み書き支援　いま目の前にいる子の「わかった！」を目指して』（井上賞子：著）　イラスト担当

本書に掲載されている、ドロップスの活用法やシンボルデータのダウンロードに関するお問い合わせは、以下のメールアドレスまでお願いします。

droplet.project@gmail.com

視覚シンボルで楽々コミュニケーション　完全版

障害者の暮らしに役立つシンボル 2555　データリンク付き

発行日　2024年12月10日　初版第1刷（3,000部）

監　修　ドロップレット・プロジェクト
編　著　青木高光
イラスト　竹内奏子
発　行　エンパワメント研究所
〒201-0015 東京都狛江市猪方3-40-28　スペース96内
TEL&FAX 03-6892-9600
https://www.space96.com/
e-mail: qwk01077@nifty.com

表紙デザイン：石原雅彦　編集・制作協力：松浦　聡　印刷：シナノ印刷株式会社

ISBN 978-4-907576-31-8

ドロップレット・プロジェクトのコミュニケーション支援アプリ

2024年11月1日リリース
iPad対応5,000円(税込)

ドロップレット・プロジェクトの最新アプリ

DropTap Pro

DropTapをベースに、iPadOS 18からの視線トラッキングに完全対応させ、様々な新機能を付け加えるだけでなく、これまでの基本機能も大きくブラッシュアップさせたのが**Pro**ヴァージョンです。

Pro限定機能

- オリジナルのテキスト入力ボード（文字盤）
- ポインター操作（視線入力）への対応
- スケジュールボードのカード表示……など

2000語のシンボル・音声搭載のiPad用コミュニケーション支援アプリ

DropTap

話し言葉によるコミュニケーションが難しい人が、シンボルと音声を使って他者とやりとりができるように作られたAAC（補助代替コミュニケーション）アプリです。

- コミュニケーション・シンボル「ドロップス」2000語が音声と共に収録されています。
- カテゴリー検索とキーワード検索で、簡単にシンボルを探せます。

「一人ひとりの子に合わせた教材を、簡単に作成できるアプリが欲しい」
教材を簡単に作成できるiPad用アプリ

DropKit

既存のアプリは「無料版はできることに制限がありすぎる」「有料版は学校で購入するにはハードルが高い」「機能は豊富だけど、使い勝手があまり良くない」などなど、特別支援教育に携わる先生方から、こうした声をたくさん聞いてきました。

アプリを探していろいろ試したり、既存のアプリを組み合わせたりする試行錯誤の時間は、子どもたちや支援者の貴重な時間の浪費であるとも言えます。

簡単で、すぐに使えて、導入の負担も少ない「教材作成に特化したアプリ」が欲しい。そんな願いから生まれたのがDropKitです。

※上記のアプリはApp Storeでお買い求めいただけます。
※iPadOS専用アプリのため、iPhoneやAndroid端末、Windows PCではご利用いただけません。
※表示価格は2024年11月1日現在での価格になります。